허니문
프로젝트

우리 둘만 가고 싶은,
유럽 소도시 BEST30

허니문
프로젝트

우리 둘만 가고 싶은,
유럽 소도시 BEST30

고서령 · 더바이준 지음

열 흘   동 안 의

행 복 을   꿈 꾸 며

나는 충분히 사랑받아 보았고, 충분함 이상으로 사랑에 아파도 보았다. 아주 많이 외로워 보았고, 언제부턴가 아주 오래 혼자 있어도 외롭지 않을 수 있게 되었다. 이제는 생각한다. 결혼해도 되지 않을까? 이만큼 사랑해 보았고 이만큼 아파 보았고 이만큼 외로워 보았으니, 이제는 결혼을 해도 되지 않을까.

그런 생각을 하기 시작한지 얼마 되지 않아 출판사로부터 이 책의 집필 제안을 받았다. 커플들을 위해 유럽의 로맨틱한 허니문 여행지들을 추천해 달라는. 단 파리나 로마 같은 인기 도시 말고 아름답지만 알려지지 않은 소도시들로만 꼽아 달라고 했다. 그건 내가 할 수 있는 일이었다. 여행기자로 일하며 장착한 더듬이의 쓸모에 대한 자신이 있었으므로. 동시에 하고 싶은 일이었다. 나 역시 사랑하는 사람과 남들 다 가는 흔한 곳을 여행하고 싶지는 않으니까. 특별한 의미가 있는 곳에서 둘만의 이야기를 만들고 싶을 테니까.

신중하게 골랐다. 내가 운명처럼 사랑하는 사람을 만나면 함께 여행하고 싶은 아름다운 장소들을. 그곳에 가서 그와 함께 하고 싶은 일들을. 그러므로 이 책은 나의 개인적인 취향이 흥건히 버무려진 아주 사적인 욕심의 나열일 수 있다. 하지만 그래서 약속할 수 있는 것은, 이 책에 담긴 이야기는 진실하다는 것. 여기에는 충분히 사랑해 봤고 아파해 봤고 외로워 봤고 이제 결혼을 하고 싶은 평범한 여자의 솔직한 로망과 소망과 바람이 담겼다.

가장 좋아하는 작가 김연수의 책 『청춘의 문장들』에 이런 이야기가 적혀 있다. "1968년 프랑스에서 학생운동이 극에 달했던 시절, 바리케이트 안쪽에 씌어진 여러 낙서 중에 'Ten Days of Happiness'라는 글귀가 있었다고 한다. 열흘 동안의 행복. 그 정도면 충분하다. 문학을 하는 이유로도, 살아가거나 사랑하는 이유로도."

사랑하는 사람과 함께하는 열흘 동안의 유럽 여행. 그 열흘 동안의 행복 또한 살아가거나 사랑할 한 가지 이유가 되어줄 수 있다고 믿는다. 이 책이 당신에게 그 행복을 꿈꾸는 시간을 선물할 수 있었으면 좋겠다. 풋풋한 사랑을 키워가는 커플도, 오래된 관계에 무뎌진 커플도, 일상에 지칠 때마다 이 책을 꺼내 들고 "우리 언젠가 이곳에 꼭 가자!"는 설렘 가득한 약속과 "그다음엔 저곳으로 갈까?" 하는 달콤한 대화를 나눌 수 있다면 좋겠다. 그렇게 한 잔의 따뜻한 유자차 같은 책이 되었으면 좋겠다.

이 책을 쓰면서 힘든 시간도 많았지만, 행복한 상상에 빠져 나도 모르게 얼굴 가득 잔잔한 미소가 번지던 시간이 더 많았다. 어쩌면 내일, 어쩌면 다음주, 어쩌면 몇 년 후에 운명처럼 만날 나의 짝꿍과 여기에 담은 서른 곳을 모두 여행하고 싶다는 꿈이 생겼다. 그동안 내 편에 서서 따뜻한 응원을 보내 준 모든 분들에게 깊고 뜨거운 감사의 마음을 전한다.

2016년 5월,
고서령

contents

시작하는 글 ·········· *P. 4*
열흘 동안의 행복을 꿈꾸며

프 랑 스   **그라스** Grasse ·········· *P. 10*
가장 달콤한 시간을 담아 둘만의 향수 만들기

도빌&르아브르 Deauville & Le Havre ·········· *P. 16*
동화 같은 거리에서 커플아이템 장만하기

루아르 밸리 Loire Valley ·········· *P. 24*
아무렇게나 막 찍어도 예쁜 셀프 웨딩사진 남기기

샤모니몽블랑 Chamonix - MontBlanc ·········· *P. 30*
아웃도어 마니아도 로맨스가 필요해

생폴드방스 Saint Paul de Vence ·········· *P. 36*
오늘만큼은 예술가 커플

니스 Nice ·········· *P. 42*
무엇을 하더라도, NICE!

네 덜 란 드   **델프트** Delft ·········· *P. 48*
우리, 신혼집에선 로열델프트에 커피 마실까

벨 기 에   **브뤼헤** Brugge ·········· *P. 54*
맥주의 언어로 사랑의 서약하기

영 국   **헤이온와이** Hay-on-Wye   *P. 60*
책을 사랑하는 너와 내가 '우리의 서재'를 채우는 시간

베이크웰 Bakewell   *P. 66*
우리 사이에도 오만과 편견이 있을까

이 탈 리 아   **알바** Alba   *P. 72*
알바에선 그냥 먹고, 마시고, 사랑하라

루카 Lucca   *P. 78*
오페라가 흐르는 성벽도시에서 둘만의 자전거 산책

코모 호수 Lake Como   *P. 84*
이탈리아 연인들의 로망을 우리의 허니문으로

포지타노 Positano   *P. 90*
연인들의 밀월여행처럼 숨어들기 좋은 곳

스 페 인   **말라가** Malaga   *P. 98*
그대와 함께 시에스타를!

포 르 투 갈   **포르투** Porto   *P. 104*
햇살, 바람, 포트와인에 취해 뜨거운 밤을

신트라 Sintra   *P. 112*
세상의 끝에서 갖는 둘만의 작은 의식

contents

스 위 스   **아펜첼** Appenzell ————— *P.120*
동화마을의 이데아가 존재한다면

아 일 랜 드   **딩글** Dingle ————— *P.126*
아이리시 뮤직, 그리고 맥주만으로 완벽한 여행

아 이 슬 란 드   **링로드** Ring Road ————— *P.134*
눈과 귀가 행복한 둘만의 드라이브

핀 란 드   **로바니에미** Rovaniemi ————— *P.142*
1년 뒤엔 서로에게 산타 마을의 편지가 올 거야

노 르 웨 이   **플롬** Flåm ————— *P.148*
대자연 속에서 초고속 에너지 충전

프레이케스톨렌 Preikestolen / **크셰라그** Kjerag /
트롤퉁가 Trolltunga ————— *P.154*
인생의 오르막길도 이러하겠지

독 일　　　　**로텐부르크** Rothenburg ———— *P. 162*
지구상에서 가장 예쁜 크리스마스 마켓

괴를리츠 Görlitz ———— *P. 168*
살아 있는 영화세트장 속으로

오 스 트 리 아　　**바트이슐** Bad Ischl ———— *P. 172*
황제와 황후처럼 온천 휴양하기

크 로 아 티 아　　**흐바르** Hvar ———— *P. 176*
크로아티아의 '제주도 더하기 이태원'

로빈 Rovinj ———— *P. 184*
로빈에선 둘만의 일기를 쓰자

슬 로 베 니 아　　**블레드** Bled ———— *P. 192*
영험한 행복의 종소리, 영원한 사랑의 의식

그 리 스　　　**미코노스섬** Mykonos ———— *P. 198*
이중생활을 꿈꾸는 커플에게

Book in book ———— *P. 204*
여행지에서 커플스냅을 예쁘게 찍는 30가지 방법

grasse

프 랑 스 그라스

가장 달콤한 시간을 담아
둘만의 향수 만들기

향기로 추억하는 여행은 오래 남는다

그럴 때가 있다. 거리를 스친 사람의 향기에서 문득 지난 사랑이 떠오르는 순간, 우연히 맡은 비 냄새에서 언젠가 우산을 함께 썼던 사람이 생각나는 순간, 길가 꽃집이 풍기는 장미향에서 지금 곁에 있는 연인과의 첫 만남이 기억나는 순간…….

프랑스의 소설가 마르셀 프루스트Marcel Proust는 어느 겨울날 홍차에 적신 마들렌 향기에서 떠올린 어릴 적 고향의 기억으로 장편소설 『잃어버린 시간을 찾아서』를 썼다. 출간 100년이 지난 지금까지도 '20세기 프랑스 문학의 최대 걸작'으로 평가받는 소설이다. 이 책 이후 심리학자들은 특정한 향기에 자극을 받아 과거의 기억과 감정을 되살리는 것을 '프루스트 현상'이라고 이름 붙였다. 과학자들에 따르면 향기는 뇌의 감정영역에서 작용하고, 향기와 연관된 기억은 언어나 사고에 의해 희석되지 않는다고 한다.

그래서 향기는 추억을 기록하는, 그리고 추억을 소환하는 가장 강력한 도구다. 영원히 잊지 못할 허니문을 만들고 싶은 당신에게 프랑스 그라스Grasse를 추천하고 싶은 이유다. 프랑스 남부 프로방스 지방의 소도시 그라스는 오늘날 프랑스를 향수의 나라로 만든 기원지다. 영화로도 유명한 파트리크 쥐스킨트Patrick Süskind의 소설 『향수』에서 '모든 향기의 로마'로 그려진 도시이기도 하다. 원래 그라스는 12세기 가죽 수출산업의 중심지였다. 시체 썩는 냄새만큼 고약했던 가죽 냄새를 지우기 위해 발달하기 시작한 향수가 16세기부터는 그라스의 핵심 산업으로 자리 잡았다. 그라스의 모든 언덕이 수천 그루의 오렌지 나무와 장미, 재스민, 라벤더, 아이리스로 향긋하게 물들었다. 연간 300일 이상 햇볕이 내리쬐는 기후와 비옥한 토양, 염분이 섞인 지중해의 바람이 방향성 식물 재배에 최적의 조건을 만들어 준 덕이었다.

그때부터 지금까지 500년이 넘는 시간 동안 그라스는 '향수의 메카'라는 명성을 굳건히 지켜 왔다. 현재 그라스의 인구 5만 명 중 3분의 2 이상이 직간접적으로 향수 산업에 종사하고 있고, 전통적인 향수 가문들이 수대에 걸쳐 가업을 이어가고 있다. 세계적인 조향사 대부분이 그라스에서 향수를 배웠고, 샤넬 '넘버파이브No.5'와 크리스티앙 디오르 '자도르Jador'도 그라스에서 탄생했다. 이 작은 도시에서 원료식물 재배부터 에센스 생산, 향수 제조와 판매, 조향사 교육까지 모든 과정이 이뤄지고 있다는 것이 놀라울 정도다.

이 향수에는 우리의 허니문이 담겨 있어

향수에 관심이 많은 사람이라면 몇 해 전부터 우리나라에 유행하고 있는 니치향수Niche Perfume를 모를 리 없다. 특히 '남들 다 쓰는 흔한 향'이 아닌 '나만의 향'을 갈구하는 사람이라면 더더욱. 니치향수는 천연 원료만을 사용하고 조향사의 품질 관리 아래 소량만 만들어지는 향수로, 자신의 성격·직업·취향에 맞게 두 가지 이상의 향을 섞어 사용하는 경우가 많다. 프랑스의 딥디크 · 크리드 · 아닉구딸, 영국의 조말론·펜할리곤스 등이 국내에 알려진 대표적 니치향수 브랜드다. 일반 향수의 3배에 달하는 비싼 가격에도 불구하고 특별한 향수를 원하는 사람들 사이에서 꾸준히 인기를 끌고 있다. 하지만 이들 역시 대중에 시판되는 향수이고, 블렌딩에 어울리는 향의 조합도 제한되어 있어 '나만의 향수'라고 말하기엔 여전히 아쉽다.

그라스에 가면 전문 조향사의 도움을 받으며 진정한 나만의 향수를 만들 수 있다. 물론 요즘은 서울에서도 어렵지 않게 향수 만들기 체험을 할 수 있다지만, 향수의 원료가 재배되고 생산되는 본고장에서 만드는 경험은 그라스 말고 어디에서도 할 수 없다. 그라스엔 프랑스의 정통 니치향수 브랜드인 '몰리나르Molinard', '갈리마르Galimard', '프라고나르Fragonard'의 본사가 있다. 이들 3대 브랜드는 각각 방문객들을 위해 향수 조향 체험 프로그램을 제공한다.

아마도 허니문은 앞으로 수십 년 이어질 결혼생활 중 가장 풋풋하고 설레는 시간일 것이다. 그 소중한 시간에 서로에 대해 느끼는 감정을 향기로 만들어 보는 것은 어떨까. 그것도 세상에 하나뿐인 우리만의 향수로 말이다. 조향사의 도움을 받으면 둘이 함께 있을 때 조화롭게 어울리는 커플 향수를 만들 수도 있다. 완성된 향수에 서로의 이름을 붙여 준다면 더욱 특별할 것 같다.

50ml짜리 향수 용량이 너무 적다고 걱정하지 않아도 된다. 톱노트, 미들노트, 베이스노트 별로 어떤 향을 얼마의 비율로 배합했는지 자세히 기록하는 조향일지가 있으니. 이 조향일지를 향수회사에서 고유번호를 매겨 보관하기 때문에, 추후에도 그라스에서 자신이 만든 향수를 계속 추가 주문할 수 있다.

발디니는 죽어가는 사람의 마지막 소원을 거절하고 싶지 않아서 마음을 단단히 먹고 대답해 주었다. "내 아들아. 거기엔 세 가지 방법이 있단다. 데워서 향기를 얻는 법. 차게 해서 향기를 얻는 법. 그리고 기름을 이용해 향기를 얻는 법이 있다. 여러 면에서 이것들이 증류보다 우수한 방법들이다. 이런 방법을 쓰면 가장 섬세한 향기까지도 얻을 수가 있지. 재스민이나 장미, 혹은 오렌지 꽃의 향기 같은 것 말이다." "어디서요?" 그루누이가 물었다. "남쪽 지방. 특히 그라스에서 그런 방법을 쓰지."

– 소설 「향수」 (파트리크 쥐스킨트 지음, 강명순 옮김, 열린책들) 중에서

영화 「향수」, 2006

빛바랜 골목에 장미향 퍼질 때

언덕 위 도시 그라스엔 오르막과 내리막이 많다. 그 속을 걷다 보면 영화「향수」에서 본 듯한 골목을 곳곳에서 마주칠 수 있다. '궁극의 향'을 찾아 그라스에 찾아간 주인공이 아름다운 여성들을 살해하던 그 골목길들 말이다. 이렇게 쓰고 보니 좀 섬뜩하지만, 영화를 본 사람들에겐 무섭기보다 흥미로운 경험이다.

빛바랜 오렌지색과 노란색 건물들로 차곡차곡 채워진 그라스가 가장 아름다워지는 때는 5월이다. 향수의 원료가 되는 분홍빛 장미가 만개하는 시기여서다. 이때쯤 열리는 장미축제 기간엔 도시 전체가 장미향으로 가득하다. 작은 상점들은 입구에 장미꽃잎을 흩뿌려 놓고, 거리엔 장미로 만든 비누·향초 등 방향 제품과 장미마카롱·장미사탕 등 온갖 장미 음식들이 즐비해진다. 워낙 작은 도시여서 축제라기보다 마을잔치 같은 느낌이지만 그래서 더 즐겁다. 순백의 재스민이 피어나는 8월엔 재스민축제가 열린다.

또 하나 그라스에서 놓치지 말아야 할 경험은 거리의 작은 향수가게들에 들어가 보는 것이다. 이들 중엔 100년 이상 대를 이어 향수를 만들어 온 곳들이 적지 않다. 작은 규모일지라도 조향사의 자부심과 향수에 대한 애정만큼은 세계적인 명품 향수에 뒤지지 않는 곳들이다. 향수 말고도 향이 나는 비누, 초, 디퓨저, 섬유유연제 등 수많은 종류의 향 제품을 만날 수 있다. 사랑하는 친구와 가족에게 어울릴 향을 떠올리며 선물을 사는 것도 좋을 것이다.

TIP ══════════════════════ **그라스 가는 길**

가장 가까운 공항은 니스의 코트다쥐르 공항이다. 니스 도심에 있는 버스정류장에서 500번 버스를 타고 약 1시간 30분이면 그라스 여행정보센터 앞에 도착한다. 그라스가 종점이기 때문에 이동 중에 편하게 눈을 붙여도 걱정 없다. 여행정보센터에서 관광 정보와 지도를 얻을 수 있다.

향수, 향초, 향비누……,
향기로 가득 찬 그라스

deauville & le havre

프 랑 스 **도빌&르아브르**

동화 같은 거리에서
커플아이템 장만하기

르아브르의 바다

파리지엥이 사랑하는 휴양도시

　　우리는 파리를 사랑의 도시라고 부르지만 정작 파리지엥들에게 파리는 치열한 일상의 무대다. 하나같이 무채색 옷차림을 하고 시종 빠른 걸음을 재촉하는 파리 거리의 사람들을 보면 알 수 있다. 그래서 파리의 연인들은 사랑의 추억을 쌓으러 다른 도시를 찾아간다. 도빌Deauville이 바로 그런 곳이다.

도빌은 파리에서 기차로 2시간이면 닿는 해안 휴양도시다. '파리 21구(파리는 총 20구로 구성되어 있다)'라고 불릴 정도로 파리지엥들의 사랑을 받는다. 더 정확히 말하면 파리의 부자들이 가장 사랑하는 휴양지라고 할 수 있다. 아기자기한 마을과 서정적인 해변을 품은 작은 도시를 호화 호텔과 카지노, 각종 명품 매장과 부티크들이 차곡차곡 채우고 있다.

도빌은 100년도 더 전에 계획적으로 조성됐다. 본래 작은 어촌마을이었던 이곳이 도시로 개발되기 시작했을 때 교회보다 먼저 생긴 것이 경마장이었다. 이후 파리를 연결하는 기찻길이 만들어지고 호텔과 카지노, 명품숍이 들어서면서 고급 휴양지로 완전히 탈바꿈했다. 먼 옛날부터 도빌엔 프랑스 예술가들이 휴가를 보내러 몰려왔는데, 많은 화가와 시인, 작가들이 도빌의 아름다움에 찬사를 보냈다고 한다. 디자이너 코코 샤넬은 도빌에 그녀의 첫 번째 부티크숍을 열기도 했다.

도빌의 분위기를 색깔로 표현한다면 은은한 하늘색일 것이다. 평화로운 수평선과 맑은 하늘, 동화 속 풍경처럼 예쁜 거리는 사랑을 막 시작했을 때의 풋풋함과 닮았다. 이곳에선 누구나 도빌에서 촬영된 고전영화 「남과 여」의 주인공처럼, 음악에 맞춰 눈을 깜빡깜빡하는 귀여운 커플이 될 수 있을 것만 같다.

동화처럼 쇼핑하기

계획 휴양도시인 도빌의 라이프스타일은 여행자 중심으로 돌아간다. 프랑스의 다른 도시와 달리 상점, 레스토랑은 물론 로컬 시장까지 주말에도 문을 연다. 도빌의 주민은 4,000명 정도인데, 상점이 400개가 넘는다. 프랑스 각지에서 여름 성수기엔 5만 명, 연휴엔 2만 명에 달하는 휴양객들이 도빌로 놀러오기 때문이다. 그래서 공휴일이든 일요일이든 상관없이 언제든 마음껏 쇼핑을 즐길 수 있다.

도빌의 쇼핑 거리는 지금 막 동화책에서 꺼낸 것 같은 모습이다. 프랑스 북서부에서만 볼 수 있는 노르망디 고유 양식 건물들에 각종 명품 매장과 부티크숍이 빼곡하게 입점해 있다. 에르메스, 루이뷔통, 샤넬 같은 명품 매장들도 이곳에서만큼은 각자의 개성을 숨긴 채 '도빌 스타일'로 꾸며졌다. 오래된 건물의 지붕 위에 귀엽게 올라가 있는 고양이, 말, 뻐꾸기 같은 모형 장식물을 찾아보는 것도 재미있다. 과거엔 이런 장식이 많을수록 부잣집을 의미했다고 한다.

도빌에서 쇼핑을 할 땐 세계 어디서든 만날 수 있는 명품 매장보단 개성 있는 소규모 가게들을 돌아보길 추천한다. 도빌에서의 허니문을 기억할 수 있는 커플 패션 소품을 장

도빌에 문을 연 코코 샤넬의 첫 번째 매장

도빌 시장의 탐스러운 귤

도빌 전통건물 지붕 위 장식

도빌의 랜드마크, 노르망디 바리에르 호텔

한불의 조화가 돋보이는 레쌍시엘의 음식

만하는 것도 좋겠다. 쇼핑 중간 중간엔 동화 같은 거리를 배경으로 둘만의 사진도 남기고, 푸근한 인상의 주민을 만나면 먼저 "봉쥬르Bonjour" 하고 인사도 건네 보길. 분명 환한 미소로 화답해 줄 것이다.

쇼핑 거리 끝자락에서 열리는 로컬 시장도 빠뜨릴 수 없는 쇼핑 스폿이다. 도빌 주민들이 직접 농사지은 딸기, 체리, 블루베리를 맛볼 기회를 얻을 수 있다. 도빌에서 키운 과일로 가정집에서 직접 만든 딸기잼, 사과잼을 5달러면 살 수 있고, 노르망디 사람들이 즐겨 마시는 사과와인과 고소한 정통 치즈도 구할 수 있다. 상인들과 주민들이 서로 반갑게 인사하는 모습에서 동네 정이 듬뿍 묻어나는 공간이기도 하다. 시장은 여름엔 주말도 없이 매일 열리고, 겨울엔 매주 화·금·토요일마다 열린다.

아주 특별한 하룻밤과 한 끼

무엇보다 도빌이 허니문 여행지로 좋은 이유는 멋진 인테리어와 최고급 서비스를 자랑하는 럭셔리 호텔이 많아서다. 그중에서도 언젠가 한번쯤 묵어보고 싶은 호텔로 꼽히는 곳은 도빌의 랜드마크라고 할 수 있는 '노르망디 바리에르 호텔Hotel Normandy Barriere'이다. 이 5성급 부티크 호텔엔 숱한 5성급 체인 호텔과 비교할 수 없는 특별함이 있다. 분명 최고급 호텔인데 노르망디의 어느 가정집에 묵는 듯 아늑하고 편안한 분위기와 가만히 앉아만 있어도 기분이 좋아지는 아름다운 객실, 매일 밤 1층 피아노바에서 자정이 가깝도록 흐르는 라이브 재즈피아노 선율, 진정한 환대가 무엇인지 절절히 느끼게 해주는 친절한 서비스까지. '완벽'이란 한 단어에 담기 어려울 정도다.

도빌에서 절대로 실패하지 않을 코스요리를 먹고 싶다면 레쌍시엘L'essentiel이 정답이다. 파리 르꼬르동블루에서 요리를 공부한 한국인 김미라 셰프가 프랑스인 남편 샤를 튈렁 셰프와 함께 운영하는 레스토랑으로, 한국 음식을 응용해 개발한 프랑스식 메뉴를 선보인다. 외형은 누가 뭐래도 프랑스 음식인데, 그 레시피를 들여다보면 한국 음식재료와 조리방법이 속속들이 녹아 있다. 도빌 사람들이 레쌍시엘을 '코리안 레스토랑'이라고 부르는 이유다. 몇 년째 미슐랭가이드에 채택됐고 프랑스 TV와 잡지에도 여러 번 소개되어 적잖은 유명세를 타고 있다.

레쌍시엘의 대구 생선요리는 떡국에서 아이디어를 얻은 크림소스를 사용한다. 굴소스에 잘게 부순 김을 넣어 만드는데, 고소함과 감칠맛이 일품이다. 돼지고기 튀김요리엔 자장소스를 사용하고, 화이트초콜릿 디저트 위엔 고소한 한국식 땅콩과자가 올라간다. '서양 음식은 도통 입에 맞지 않는다'고 말하는 한식 예찬론자들도 이 레스토랑에서만큼은 맛있게 한 끼를 즐길 수 있을 것이다.

모네의 그림 속으로

도빌을 여행하면서 르아브르Le Havre에 들르지 않는 건 '인생실수'라고 생각한다. 특히나 그림 감상을 좋아하는 당신이라면 더더욱. 도빌에서 차로 2시간 30분 거리에 있는 르아브르는 인상파 화풍을 탄생시킨 클로드 모네Claude Monet의 작품 「인상, 해돋이」 속에 그려진 도시다. 실제로 르아브르엔 모네의 그림 속 바다와 하늘, 서정적인 항구가 현존하고 있다.

모네 이야기를 잠깐 해보겠다. 모네는 파리에서 태어났지만 다섯 살이 되던 해부터 르아브르에 살며 유년시절을 보냈다. 바다와 센 강이 만나서 만드는 독특한 물빛, 바람이 많이 부는 탓에 빠르게 모양을 바꾸는 구름의 모양이 모네의 화풍에 많은 영향을 주었다. 모네는 야외에서 일상적인 소재를 그리는 것을 좋아했는데 빠르게 변하는 하늘을 표현할 방법을 고민하다가, 즉흥적으로 받은 인상을 빠르게 표현하는 인상주의 화풍을 탄생시키게 되었다고 한다. 모네의 스승인 외젠 부댕Eugéne Boudin 역시 옆 도시인 옹플뢰르Honfleur에서 태어났지만 인상파 화풍의 기량과 재능은 르아브르에서 키웠다.

인상파 화풍의 고향답게 르아브르엔 파리 오르세 미술관 다음으로 많은 인상파 작품을 보유한 미술관이 있다. '앙드레 말로 미술관The Andre Malraux Museum of Modern Art'이 그곳이다. 모네의 대표작들과 그가 연습 삼아 그린 300여 점의 작은 스케치, 외젠 부댕, 오귀스트 르누아르Auguste Renoir, 에드가 드가Edgar Degas, 알프레드 시슬레Alfred Sisley, 카미유 피사로Camille Pissarro, 라울 뒤피Raoul Dufy 등 주요 인상파 화가들의 작품을 볼 수 있다.

인상파 그림 속 르아브르를 여행하고 싶다면 앱스토어에서 'Le Havre Impressionniste'를 검색해 다운로드 받아보자. 작품의 배경이 된 장소가 지도 위에 표시돼 직접 찾아가 볼 수 있도록 도와준다. 르아브르에서 그려진 모든 인상파 작품의 목록, 그림별 자세한 설명을 제공한다. 영어 버전이 지원된다.

앙드레 말로 미술관

TIP ══════════════════════════════ **도빌&르아브르 가는 길**

파리 공항을 이용해 기차로 여행하면 된다. 도빌은 파리에서 기차로 2시간 거리에 있다. 르아브르는 도빌에서 차로 2시간 30분 거리에 있으니 렌터카를 이용해 당일치기로 여행하는 것도 괜찮다. 이틀 이상 시간 여유가 된다면 르아브르 옆 도시 옹플뢰르도 여행해 보길 추천한다.

loire valley

프랑스 **루아르 밸리**

아무렇게나 막 찍어도
예쁜 셀프 웨딩사진 남기기

변하지 않는 아름다움을 위하여

진정한 아름다움은 시간이 흘러도 시들지 않는다. 오래되어 겉은 낡고 빛이 바래도 그 속의 매력은 영원히 빛난다. 음악으로 말하면 사라 본Sarah Vaughan의 재즈보컬이 그렇고, 영화로는 「이터널 선샤인Eternal Sunshine」의 러브스토리가 그렇고, 사람으로는 오드리 헵번Audrey Hepburn의 미소가 그렇다. 그리고 여행지로 말하면, 프랑스 루아르 밸리Loire Valley의 고성들이 그렇다.

'프랑스의 정원'이라 불리는 루아르 밸리는 프랑스의 허리를 가로지르는 루아르 강을 따라 자리했다. 지금은 한적한 시골 같은 모습이지만 중세시대엔 '1,000개 성의 지역'이란 수식어가 붙을 정도로 수많은 성이 세워졌던 곳이다. 15~16세기 프랑스의 왕족과 귀족들은 이곳의 비옥한 토양과 아름다운 경치에 반해 앞다투어 성을 지었고, 루아르 밸리는 한동안 프랑스의 실질적인 수도 역할을 할 정도로 부흥했었다. 그래서 루아르 밸리에는 흐르는 강물, 돌멩이 하나, 꽃나무 한 그루에도 프랑스 왕가의 이야기가 서려 있다.

오늘날 루아르 밸리를 찾는 여행자들은 수백 년 시간의 켜를 입은 고성들을 둘러본다. 그 성에 살았던 이들의 화려한 삶을 자신이 살았으면 어땠을지 상상해 보기도 한다. 당신이 사랑하는 사람과 루아르 밸리를 여행한다면 오랜 시간이 흘러도 아름다운 고성처럼 오랜 시간이 흘러도 아름다울 결혼생활을 소망해 보는 건 어떨까. 먼 옛날 그곳에 살았을 공주와 왕자를 떠올리면서 남편은 부인을 공주처럼, 부인은 남편을 왕자처럼 대접하며 살아가기로 약속을 나눈다면 더 좋겠다.

고성에서 남기는 셀프 웨딩사진

몇 해 전부터 셀프 웨딩사진 촬영이 인기다. 틀에 박힌 스튜디오 웨딩사진보다 자연스러운 모습을 남길 수 있고, 비용도 크게 절약할 수 있다는 게 장점. 만약 셀프 웨딩사진을 찍기로 계획했다면 루아르 밸리로의 허니문은 절호의 기회다. 단 골 셀프 웨딩 촬영지인 서울 올림픽공원이나 한강 변, 북촌 한옥마을 같은 곳에서도 예쁜 사진을 찍을 수 있겠지만 루아르 밸리의 고성만큼 '막 찍어도' 아름다운 배경은 드물 테니 말이다.

많은 고성들 중에서 셀프 웨딩 촬영지에 꼭 포함시킬 곳을 꼽으면 '슈농소 성Château de Chenonceau'과 '앙부아즈 성Château d'Amboise'이다. 슈농소 성은 루아르 밸리를 통틀어 가장 아름다운 고성으로 꼽힌다. '귀부인의 성'이란 별명처럼 1530년대 프랑스 왕실로 귀속된 이래 앙리 2세의 애첩 디안느Diane, 왕비 카트린Katherine, 왕비 루이즈Louise 등 줄곧 여성들이 소유했던 성이다. 첫 왕실 소유주였던 디안느는 앙리 2세보다 20세 연상이었는데, 앙리 2세의 아버지인 프랑수아 1세의 정부이기도 했다. 무려 2대에 걸쳐 왕의 사랑을 차지했던 그녀는 마치 마법을 부린 듯 늙지 않는 아름다움을 지니고 있었다고 한다. 이 여인들의 정성 어린 손길이 닿은 덕에 슈농소 성은 루아르 밸리의 다른 어떤 성보다도 화려한 정원과 우아한 건축미를 갖고 있다. 루아르 강에서 뻗어 나온 작은 강인 셰르 강을 가로질러 다리처럼 세워진 슈농소 성은 햇살이 좋은 날엔 강물에 성의 모습이 비쳐 더욱 아름답다.

루아르 강의 전경이 시원하게 내려다보이는 언덕 위에 자리한 앙부아즈 성은 초기 르네상스 시대 프랑스의 왕궁이었다. 이곳에서 프랑스를 통치했던 샤를 8세와 프랑수아 1세는 이탈리아로 자주 원정을 다니면서 르네상스 양식의 매력에 깊게 빠져들었다. 본래 전형적인 고딕 양식이었던 앙부아즈 성은 이 왕들의 취향에 따라 르네상스 양식으로 화려하게 꾸며졌다. 앙부아즈 성에는 유럽 각지의 유명 예술가들과 학자들이 초청받아 머물렀는데, 그중 한 명이 이탈리아의 천재 예술가이자 과학자 · 기술자 · 사상가인 레오나르도 다 빈치Leonardo da Vinci였다.

프랑수아 1세의 총애를 받았던 레오나르도 다 빈치. 그는 생의 마지막 3년인 1516년부터 1519년까지 앙부아즈 성과 지하통로로 연결된 클로뤼세 성에 살면서 다양한 예술, 과학 활동을 했다. 지금도 클로뤼세 성Château du Clos Luce에는 레오나르도 다 빈치의 방이 그대로 보존되어 있고, 앙부아즈 성 내에 자리한 생 위베르 성당에는 그의 무덤이 안치되어 있다. 田

르네상스식 한 끼 체험

레오나르도 다 빈치가 살았던 클로뤼세 성(오른쪽 사진) 한편에 자리한 레스토랑, 로베르쥬 뒤 프리외레 L'Auberge du Prieuré에서는 르네상스 시대의 음식을 체험할 수 있다. 이곳에선 르네상스 스타일의 테이블, 의자, 식기류를 갖추고 그 시대 방식으로 요리한 음식을 제공한다. 향신료와 설탕을 첨가한 와인, 24시간 동안 요리한 돼지고기, 르네상스 스타일의 초콜릿케이크는 이곳에서만 맛볼 수 있는 독특한 메뉴.

슈농소 성에서 빚는 와인

슈농소 성으로 가는 길은
마치 마법의 세계로 들어가는 것 같다

앙부아즈 성에서는 루아르 강과 작은 도시를 내려다볼 수 있다

TIP **루아르 밸리 가는 길**

고성들이 한데 모여 있지 않고 각각 떨어져 있기 때문에 기차만으로는 여행하기 어렵다. 파리에서 투르Tours 또는 블루아Blois까지 기차로 이동한 다음, 그곳에서 렌터카 등 차량을 이용해 각 고성을 찾아가야 한다. 여러 현지투어 업체들이 파리 또는 투르에서 출발하는 루아르 밸리 고성 투어 프로그램을 운영한다. 그 업체들을 이용하면 좀 더 편리하게 이동할 수 있다.

chamonix - montblanc

프랑스 **샤모니-몽블랑**

아웃도어 마니아도
로맨스가 필요해

질투심은 잠시 접어 두고

　　　　강원도에서 나고 자랐지만 서울에 붙박여 사는 사람으로서, 아웃도어 마니아들에 대한 동경을 갖고 있다. 주말마다 캠핑 장비를 챙겨 깊은 숲을 찾아가고, 봄·가을엔 라이딩, 여름엔 서핑, 겨울엔 스노보드에 푹 빠져 계절의 변화에 온전히 몸을 맡기는 사람들. 대리만족을 위해 염탐하는 그들의 SNS에는 흔한 카페 디저트 사진 대신 캠핑에서 직접 만들어 먹은 요리 사진, 유행하는 신상 구두 사진 대신 흙 묻은 등산화 사진, 그리고 바다, 산, 들꽃, 하늘 사진이 빼곡하다. 그런 사진들을 볼 때마다 '내가 있어야 할 곳은 저기'라는 생각과 함께 부러움에 몸서리친다. 하지만 저질 체력을 타고나 주중 · 주말 할 것 없이 바쁜 일정에 쫓기며 사는 내겐 아무래도 그림의 떡일 뿐이다.

그렇게 체념하며 살다가도 부러움이 시샘으로 번져 폭발할 것 같은 순간이 종종 있는데, 아웃도어 마니아끼리 맺어진 커플을 봤을 때다. 혼자서 해도 매력적인 취미생활을 사랑하는 사람과 같이 할 수 있다니. 전생에 착한 일을 얼마나 많이 했기에 그런 행운을 누리는 걸까 싶다. 만약 지금 이 글을 읽는 당신이 그 행운의 주인공이라면, 질투심은 잠시 접어 두고 당신에게 프랑스 샤모니-몽블랑Chamonix-MontBlanc을 소개해 주고 싶다.

샤모니-몽블랑은 알프스 산맥에서 가장 높은 봉우리인 '몽블랑(해발 4,810m)'을 끼고 있는 산악도시다. 우리나라 북한산 정상(해발 837m)보다 약 200m 더 높은 해발 1,030m에 자리해 있다. 인구가 1만 명도 채 안 되고 도심은 자동차가 필요 없을 정도로 작지만 엄청난 매력을 품었다. 1년에 180만 명의 관광객이 찾아온다는 통계만으로도 증명이 되겠지만, 그 매력을 하나씩 풀어 설명해 보자면 이렇다.

첫째, 전 세계 등반가들의 꿈인 몽블랑 등정의 전초기지다. 그리고 꼭 몽블랑 정상에 도전하지 않더라도 다양한 난이도로 조성된 수많은 트레킹 · 하이킹 코스를 걸으며 알프스의 비경을 탐닉할 수 있다. 이곳에선 갓 걸음마를 뗐을 법한 작은 아이도, 파파머리 흰 수염 할아버지도 등산화를 신고 다니는 이색적인 모습을 볼 수 있다. 둘째, 세계 최초의 동계올림픽 개최지다. 1896년 아테네에서 제1회 올림픽이 열린 지 28년 뒤인 1924년, 샤모니─몽블랑에서 제1회 동계올림픽이 열렸다. 그러니 샤모니─몽블랑의 겨울 스포츠가 얼마나 유명할지는 두말하면 입 아프다. 몽블랑을 배경으로 알프스의 파우더스노우 위에서 스키와 스노보드를 즐기는 일이 이곳에선 일상이다. 셋째, 200년 역사의 동화마을을 갖고 있다. 샤모니─몽블랑은 스위스와 국경을 접하고 있어 스위스 샬레와 닮은 아기자기한 산장이 많다. 사방이 산에 둘러싸여 아늑하면서도 올망졸망한 마을이 로맨틱한 분위기를 조성한다. 고개만 돌리면 몽블랑 봉우리가 눈앞에 있고, 아무 데서나 사진을 찍어도 숨 막힐 듯 아름다운 알프스가 배경으로 깔린다. 넷째, 사계절 레포츠의 천국이다. 등산과 스키 외에도 패러글라이딩 · 래프팅 · 산악자전거 · 암벽등반 등 즐길 것들이 무궁무진하다. 이러니, 아웃도어 마니아라면 어찌 샤모니─몽블랑을 사랑하지 않을 수 있을까?

내가 몽블랑이소로이다

파리에 가면 에펠탑을 만나고, 피렌체에 가면 두오모를 보듯, 샤모니─몽블랑에 가면 '에귀디미디Aiguille du Midi 전망대'에 올라야 한다. 전 세계에서 가장 높은 전망대로, 해발 3,842m에 자리해 있다. 케이블카를 타면 마을에서부터 전망대까지 무려 2,812m를 순식간에 올라간다. 빠른 속도 때문에 그 높이가 실감이 나지 않을 수도 있지만 고산병에 걸릴 수 있을 정도의 높은 고도다. 마을에서 반팔 티셔츠를 입는 한여름에도 정상은 오리털 점퍼가 필요할 정도로 춥다. 실제로 체력이 약한 사람들은 고산병 때문에 중간에 쓰러지기도 한다. 그래서 대부분의 여행자들은 중간에 케이블카를 한 번 갈아타는 지점에서 휴식을 취하며 중간 고도에 적응한 뒤 다음 케이블카를 탄다.

고산병과 추위를 이길 각오를 안고 전망대에 오르면 동그란 모양의 몽블랑 봉우리와 함께 프랑스, 스위스, 이탈리아에 걸친 알프스 연봉을 360도로 감상할 수 있다. 오직 이 전망을 보기 위해 샤모니-몽블랑을 찾아오는 사람들도 많다고. 에귀디미디는 '한낮의 바늘'이라는 의미를 갖고 있는데, 그 이름같이 화창한 날엔 뾰족한 정상이 태양빛을 받아 바늘처럼 반짝인다고 한다.

몽탕베르Montenvers 산악열차도 뺄 수 없는 체험거리다. 마을에서 귀여운 빨간색 기차에 몸을 실으면 해발 1,913m에 있는 몽탕베르 봉우리까지 약 900m 고도를 20여분 만에 올라간다. 몽탕베르의 명물인 '메르 드 글라스Mer de Glace, 얼음의 바다'는 유럽에서 가장 거대한 빙하다. 길이 7km, 두께 200m에 달하는 빙하의 크기는 숨 막히게 압도적이다.

샤모니-몽블랑에 머무는 동안에는 언제나 어디서나 알프스를 감상할 수 있는 특권을 갖게 된다. 새벽의 알프스, 아침의 알프스, 한낮의 알프스, 해질녘의 알프스, 한밤의 알프스……. 다양한 표정의 알프스를 감상하는 것만으로도 행복하겠지만, 그 속에서 축제가 열리는 기간에 찾아간다면 보너스 같은 즐거움을 얻을 수 있다. '코스모 재즈 페스티벌Cosmo Jazz Festival'이 열리는 매년 7월 말부터 8월 초에는 재즈의 선율이 작은 산악마을의 공기를 채운다. 2013년에는 한국의 재즈보컬 나윤선도 이 축제에서 노래를 했다.

아웃도어 용품 쇼핑을 하기에도 샤모니-몽블랑만 한 곳이 없다. 세계적인 아웃도어 브랜드 매장들이 빠짐없이 들어서 있는데, 물론 한국보다 저렴한 가격에 '득템'이 가능하다. 매주 토요일에는 마을 광장에서 제철 채소와 과일 등을 파는 시장이 열린다. 하루 정도는 이곳에서 신선한 식재료를 구입해 직접 요리를 해 먹으며 캠핑 기분을 내 보는 건 어떨까? 그래야 아웃도어 마니아 커플의 여행다울 테니 말이다.

에귀디미디 전망대 케이블카

알프스=스위스?

'알프스를 대표하는 몽블랑이 스위스가 아닌 프랑스에 있다고?'라는 생각이 들 수도 있다. '알프스=스위스'라는 인식이 강한 이유는 아마도 몽블랑과 함께 알프스의 3대 봉우리로 꼽히는 마테호른(4,478m)과 융프라우(4,158m)가 둘 다 스위스에 있어서일 것이다. 그러나 실제로 알프스 산맥은 오스트리아·슬로베니아·이탈리아·스위스·리히텐슈타인·독일·프랑스에 걸쳐 있고, 가장 높은 봉우리인 몽블랑(4,810m)은 프랑스와 이탈리아의 국경에 있다.

쇼핑 거리는 명품이 아닌 아웃도어 매장으로 빼곡하다

TIP ———————————————————— 샤모니-몽블랑 가는 길

가장 가까운 공항은 프랑스가 아닌 스위스의 제네바 코인트린 공항이다. 초고속열차 TGV를 타면 제네바에서 샤모니-몽블랑까지 1시간 만에 도착한다. 파리에서 출발할 경우 몽블랑익스프레스 열차로 6~7시간이 소요된다.

saint paul de vence

프랑스 **생폴드방스**

붓을 잡고 싶어지는 도시

가수 에픽하이의 타블로가 진행하던 「타블로와 꿈꾸는 라디오」를 즐겨 들었었다. 타블로는 청취자들이 보낸 짤막한 사연들을 읽다가 갑자기 사연을 보낸 사람에게 전화를 거는 시도를 자주 했었다. 너무 돌발적이어서 전화연결 성공률은 그리 높지 않지만 그런 즉흥적이고 재치 있는 전개가 타블로 라디오의 묘미였다.

어느 날 라디오 생방송 중 전화연결이 된 한 여고생이 한껏 들뜬 목소리로 타블로에게 물었다. "저도 블로 디제이처럼 글을 잘 쓰고 싶어요! 글을 잘 쓰려면 어떻게 해야 돼요?" 그 밑도 끝도 없는 질문에 타블로가 한 대답이 명언이었다. '어느 날 자기 안의 감정과 생각을 무엇으로라도 옮기지 않으면 폭발할 것처럼 가득 차오를 때, 그 마음을 그대로 옮겨 적는 것이 가장 좋은 글'이라고.

샤갈, 피카소, 르누아르, 마티스, 모딜리아니 같은 세계적인 화가들이 남프랑스의 언덕 위 소도시 생폴드방스Saint Paul de Vence에 모여든 이유도 어쩌면 그와 같을 거란 생각을 했다. 눈앞에 펼쳐진 아름다움이 너무 눈부셔 그림으로 옮기지 않으면 안 될 것 같은 곳, 욕심 내지 않아도 절로 좋은 그림을 그리게 되는 곳이라는 걸 알았기 때문 아닐까.

생폴드방스를 거쳐 간 많은 화가들 중에서도 특히 러시아 태생 유대인 화가인 마르크 샤갈Marc Chagall은 생폴드방스를 '제2의 고향'이라 부를 정도로 사랑했다. 생폴드방스에서 생의 마지막 20년을 보내고 97세의 나이로 숨을 거둔 그는 지금도 작은 무덤으로 생폴드방스에 잠들어 있다.

'샤갈이 가장 사랑했던 도시'라는 수식어는 생폴드방스를 더 로맨틱한 도시로 만들었다. 여성 편력이 심했던 많은 화가들과 달리 샤갈은 평생 한 여자만을 사랑했던 로맨티스트

였기 때문이다. 그래서 그의 그림엔 유독 부부의 모습이 많이 등장한다. 먼저 세상을 떠난 아내의 노트에 그림을 그리면서 '내 사랑 벨라, 당신은 세상을 떠났지만 내 그림 속에서 영원히 살아 숨 쉬리라'는 글을 남겼다는 일화는 유명하다. 샤갈은 영면하기 5년 전인 1980년에 그린 「하늘의 연인과 꽃다발」에서도 남자가 여인에게 꽃다발을 주는 장면으로 아내에 대한 사랑을 표현했다. 그의 작품 「파란 풍경 속의 부부」, 「마을 앞 테이블」 등에서는 생폴드방스의 풍경도 볼 수 있다.

예술가가 되어 보는 하루

현지인처럼 여행하기를 좋아한다. 딱 봐도 관광객 티 풀풀 나는 운동화와 배낭은 벗어던지고 그곳 사람이 된 듯 하루를 살아 보는 거다. 현지인들이 가는 밥집과 카페를 가고 현지인들과 섞여 산책하고 현지인들과 같은 술을 마시는, 그런 여행이 좋다.

생폴드방스에서 현지인처럼 여행하려면 예술가가 되어야 한다. 과거 수많은 미술 거장들이 즐겨 찾으며 작품 활동을 했던 이 도시는 지금도 수많은 갤러리와 아틀리에로 가득하다. 생폴드방스의 주민 한 명 한 명이 화가이고 예술가인 셈이다. 생폴드방스의 끝과 끝을 연결하는 그랑드 거리Rue Grande와 그 사이사이 이어진 골목길을 걷다 보면 걸음을 뗄 때마다 구경거리가 한 아름씩 쏟아진다. 간판 하나, 문패 하나, 작은 기념품 하나에도 어떤 이의 정성과 이야기가 듬뿍 담겨 있는 것 같아 그냥 지나치기 힘들다. 거의 훼손되지 않고 16세기부터 그 자리에 있는 성벽도 마을을 하나의 예술품으로 만드는 데 힘을 보탠다.

생폴드방스로 허니문을 떠난 커플이 해 봤으면 하는 일들이 몇 가지 있다. 우선 이 골목 저 골목 갤러리들을 기웃거리면서 신혼집을 장식할 예술품을 하나쯤 구입하는 거다. 물론 마음에 쏙 드는 작품이 있고, 그 가격이 너무 비싸지 않다는 전제 하에 말이다. 생폴드방스에는 유명 화가들의 작업실도 많아 세계 각지의 유명 인사들이 미술품을 사러 정기적으로 찾아오기도 한다. '콜롱브 도르Colombe d'Or 호텔'의 레스토랑에서 근사한 저녁식사를 해 보는 것도 추천한다. 콜롱브 도르는 과거 생폴드방스를 즐겨 찾던 화가들이 숙박요금 대신 그림을 그려주고 묵었던 곳으로, 피카소·마티스 등의 진품 그림을 감상하면서 식사를 할 수 있다. 여행의 마지막 날엔 작은 이벤트를 해 보는 건 어떨까. 생폴드방스의 풍경이 펼쳐진 호텔 창가에 앉아 서로의 초상화를 그려 주는 것이다. 그림을 못 그려도 상관없다. 화가들의 도시 생폴드방스에서 직접 사랑하는 사람의 모습을 화폭에 담는 일은 그 자체만으로 큰 추억이 될 테니.

TIP ══════════════════════════════ **생폴드방스 가는 길**

생폴드방스에서 가장 가까운 공항은 니스Nice다. 니스에서 한 시간에 한 대씩 있는 버스를 타고 40분이면 도착한다. 생폴St. Paul 역에 내리면 된다.

프랑스 생폴드방스 *saint paul de vence*

아틀리에로 가득한 생폴드방스의 거리

생폴드방스에 샤갈 미술관이 없는 이유

샤갈은 생폴드방스에 미술관을 세우고 싶어 했지만, 마땅한 부지도 없고 시 당국과
의견 조율이 되지 않아 그러지 못했다. 그의 86세 생일이었던 1973년, 니스 시가
토지를 제공하고 당시 문화부 장관이었던 앙드레 말로가 적극 후원해 인근 도시인
니스에 샤갈 미술관을 세우게 됐다. 이후 샤갈은 이 미술관을 생폴드방스로 옮기려
시도한 적이 있지만 결국 이루지 못했다. 대신 생폴드방스에는 '마그 재단 미술관
Maeght Foundation Modern Art Museum'이 있다. 생폴드방스에 머물렀던 화가들
의 작품을 다수 소장하고 있는 이 미술관은 남프랑스에 있는 100여 개 미술관 중
최고로 꼽힌다.

허니문 프로젝트 06

nice

프랑스 **니스**

무엇을 하더라도,
nice!

제일 좋은 곳, 제일 좋은 사람과

어릴 적, 생일을 제외하고 1년 중 가장 기다려지는 날은 어린이날이었다. 어린이날 전날 학교에 가면 같은 반 친구들의 어머니들이 보내 주신 온갖 과자와 군것질거리를 잔뜩 선물 받았다. 내 몸만큼 큰 비닐봉지에 그것들을 담아 집으로 돌아오면 세상에서 가장 중대한 고민이 시작되었다. 제일 맛있는 것부터 먹을까, 맛없는 것부터 먹을까. 그때마다 난 가장 맛있는 걸 마지막까지 아껴두었다가 가장 친한 친구와 나누어 먹었다. 내게 어린이날 마지막까지 남겨둔 과자 같은 여행지가 니스Nice다. 소중히 아껴두었다가 언젠가 정말 사랑하는 사람과 함께 찾고 싶은 곳. 제일 좋은 건 제일 좋은 사람과 나누고 싶으니까.

지금껏 내가 만난 남프랑스를 여행해 본 사람들은 하나같이 남프랑스를 '천국 같다'고 묘사했다. 니스는 그 천국을 대표하는 도시다. 니스가 위치한 지중해 연안을 '리비에라Riviera' 지역이라고 부르는데, 니스의 별명이 '리비에라의 여왕'이다. 따뜻한 햇살과 포근한 바람이 연중 내내 이어지고, 매끈한 자갈돌과 쪽빛 바다가 만나 그림 같은 해변을 이루는 곳. 마티스Matisse, 샤갈Chagall 같은 세계적인 화가들이 반해 수십 년을 머물렀고, 지금은 그들을 대표하는 작품들이 가장 많이 남겨져 있는 곳. 무엇을 하더라도 혹은 아무것도 하지 않더라도 그저 '나이스Nice'한, 그런 곳을 사랑하는 사람이 아니라면 누구와 함께 가겠는가.

니스를 탐하는 자세

니스를 여행할 땐 게으름을 부려도 좋다. 5분 단위로 쪼갠 여행 계획표나 알람시계는 니스를 즐기는 데 방해가 될 뿐이다. 눈부신 햇살이 침대 위로 가득 쏟아질 때까지 늘어지게 잠을 자고, 아름다운 풍경을 초점 없는 눈으로 마주하며 '멍 때리기'도 실컷 하고, 목적지 없이 아무 방향으로나 걸어 다니면서 이 골목 저 골목을 기웃거려 보는 것이 진정한 니스 여행자의 자세다.

내가 사랑하는 사람과 니스에 가게 된다면 무엇을 할까 생각해 보았다. 가장 먼저 한국에서 입기엔 큰 용기가 필요했던 화려한 비키니를 당당하게 챙겨 입고 해변으로 뛰어갈 것이다. 자갈돌 위에 예쁜 천을 깔고 누워 달달한 로맨스 소설을 읽다가, 핑크빛 스파클링 와인을 병째로 나 한 모금, 그 한 모금. 그렇게 해가 떨어질 때까지 해수욕과 일광욕을 번갈아 즐기며 니스 해안가 풍경의 한 조각이 되고 싶다.

하루 정도는 아침 일찍 부지런을 떨어 꽃시장에 나가야지. 비유 니스Vieux Nice 구시가지의 쿠르 살레야Cours Saleya 광장에선 오전 6시부터 큰 꽃시장이 열린다. 깨끗한 아침공기에 섞인 꽃향기를 배 속 끝까지 들이마시고, 호텔 방에 꽂아 둘 작약 한 다발을 살 것이다. 꽃시장 옆에선 과일, 채소, 치즈, 올리브, 잼 등 각종 식료품을 파는 시장도 열린다. 그곳에서 저녁 와인 안줏거리로 삼을 싱싱한 과일과 고소한 치즈도 조금씩 사야겠다. 출출해지면 시장 한쪽에서 파는 니스 최고의 길거리 간식 '소카Socca'를 먹어야지. 소카는 콩가루 반죽으로 만들어 후추를 곁들여 먹는 크레페로, 단돈 2~3유로에 든든히 배를 채울 수 있다. 호텔로 돌아가기 전 구시가지 구경도 빠뜨릴 수 없다. 오래된 골목, 고풍스러운 건물 사이사이로 각종 공방과 아틀리에가 빼곡해 소소한 쇼핑을 즐기기에 좋다.

작약 향기에 취해 달콤한 늦잠을 잔 날에는 예쁘게 차려입고 미술관에 가고 싶다. 니스의 부촌에 해당하는 '시미에Cimiez 지구'에는 마티스 미술관과 샤갈 미술관이 함께 자리해 있다. 마티스는 프랑스 북부지역에서 태어났지만 니스의 아름다움에 마음을 빼앗겨 1918년부터 세상을 떠나던 1954년까지 37년 동안 니스에 살았다. 1963년 설립된 마티스 미술관에는 마티스가 유언을 통해 기증한 작품들과 그의 부인과 다른 상속인들이 추가로 기증한 마티스의 회화, 소묘, 조각 등이 대량 전시되어 있다. 뿐만 아니라 마티스가 생전에 작업실에서 사용하던 크고 작은 물건과 개인적으로 작업했던 사진, 일러스트북 등도 직접 볼 수 있다. 1973년에 개관한 샤갈 미술관은 샤갈의 작품을 전 세계에서 가장 많이 소장하고 있는 곳으로 무려 450점이 모여 있다. 니스에서 가장 큰 미술관인 근현대미술관MAMAC은 프랑스 유명 건축가 이브 바야르Yves Bayard와 앙리 비달Henri Vidal이 설계한 것으로, 건물 자체가 하나의 예술품이다. 내부에는 로이 리히텐슈타인, 앤디 워홀 등의 대표작을 포함해 풍부한 아방가르드 작품들이 전시되어 있다. 미술관 꼭대기에서 내려다보는 구시가지의 전경도 멋지다.

그리고 하루에 한 번은 '영국인의 산책로'라고 불리는 프롬나드데장글레Promenade des Anglais를 걸으며 그와 도란도란 이야기를 나누고 싶다. 해변을 따라 3km 넘게 이어지는 이 산책로는 18세기부터 니스를 동경하고 자주 찾던 영국인들의 기부로 만들어졌다. 산책로를 따라 자리한 수많은 레스토랑 중 어느 곳에서 저녁을 먹을지 고르는 재미도 쏠쏠할 것 같다. '퀴진 니사르드Cuisine Nissarde'라는 라벨이 붙은 레스토랑에선 니스의 전통음식을 제대로 차려 낸다고 하니, 기억했다가 꼭 한번 찾아가 봐야지.

TIP ═══════════════════════════ **니스 가는 길**

에어프랑스가 파리 샤를드골 공항에서 니스까지 항공편을 하루 6번 왕복 운항한다. 인천-파리 직항과 연결해 당일 연결이 가능한 스케줄도 하루 5편이다. 초고속열차 TGV도 파리-니스 구간을 운영하지만 6시간 가까이 소요되므로 항공이동이 더 편하다.

쿠르 살레야 광장에서는 아침 일찍
큰 꽃시장이 열린다

마티스 미술관

니스의 해변은 모래가 아닌 자갈돌로 이뤄져 있다

delft

네 덜 란 드 **델프트**

우리,
신혼집에선 로열델프트에
커 피 마실까

이 도시의 파란색은 모두 '델프트블루'

　　요즘 우리나라 화장품 회사들은 색깔 이름을 참 예쁘게도 짓는다. 얼마 전 매니큐어를 사러 간 곳에서 본 파란색만 해도 한여름 소나기, 파랑새 날갯짓, 철썩철썩 파도, 바람 머무는 깊은 바다, 새벽 2시같이 매력적인 이름이 한둘이 아니었다. 그리고 신기하게도 각각의 색을 보면 이름을 왜 그렇게 붙였는지 납득이 갔다. 한여름의 소나기에, 파랑새의 날갯짓에 색이 있다면 왠지 그런 색일 것 같았다.

영어권에서도 수많은 파란색에 이름을 붙여 부른다. 인디고블루, 코발트블루, 마린블루, 터키블루, 스카이블루 등등 블루의 종류만 111가지라고 한다. 네덜란드 소도시 델프트Delft의 이름을 딴 '델프트블루'도 그중 하나다. 유럽의 흰 도자기를 꾸미는 안료로 사용하는 청색의 이름인데, 아마 델프트에 대해 잘 모르는 사람은 '한여름 소나기'나 '파랑새 날갯짓'보다도 그 이름을 이해하기 어려울 것이다.

델프트는 세계적 도자기 브랜드인 '로열델프트Royal Delft · 정식 명칭은 로열도자기항아리회사'가 탄생한 도시다. 오늘날 유럽 명품 도자기의 대명사인 델프트 도자기에는 사실 출생의 비밀(?)이 있다. 17세기 네덜란드는 대규모 동인도 회사를 설립해 동서양 간의 무역을 주도하던 부국이었는데, 그때 유럽에 수입된 중국의 청화백자가 바로 델프트 도자기의 모태다.

당시 중국산 청화백자는 매우 고가였음에도 유럽 부자들에게 큰 인기를 끌며 불티나게 팔렸다. 그런데 중국 내 전쟁이 발발하면서 무역이 끊겼고 더 이상 청화백자를 수입할 수 없게 되었다. 그러자 16세기부터 이탈리아의 기술을 배워와 도기를 만들던 델프트의 도공들이 중국의 청화백자를 모방한 도자기를 제작하기 시작한 것. 처음엔 베끼기에 가까웠지만 시간이 지날수록 델프트 도자기만의 색깔과 특징을 갖추면서 명품 도자기로 거듭났다. 이후로 델프트가 아닌 네덜란드 다른 지역에서 구운 도기까지도 모두 '델프트 도자기Delft Ware'라고 불렸고, 유럽의 흰 도자기에 사용하는 파란색은 모두 '델프트블루'라고 불렸다.

델프트 도자기의 전성기였던 18세기엔 델프트에 총 32개의 가마가 있었다고 한다. 그중 지금까지 남아 있는 도자기 공장은 1653년에 설립된 로열델프트가 유일하다. 19세기 중반 이후 프랑스, 독일, 영국 등 주변국에서도 뛰어난 도자기를 만들어 내기 시작하면서 경쟁력을 빼앗겼기 때문이다. 그런 가운데에서도 로열델프트만은 전통기법을 지키며 델프트 도자기의 명맥을 이어 왔고, 1919년 네덜란드 여왕으로부터 '로열'이란 칭호를 공식적으로 부여받아 지금의 이름을 갖게 되었다.

로열델프트 공장까지 찾아갔다면 찻잔세트 하나쯤은 구입해 오는 것이 두고두고 후회를 남기지 않는 방법이다. 가격이 조금 비싼 편이긴 하지만, 말 그대로 명품 도자기이니 '새댁'의 그릇 욕심을 내세워 눈 꼭 감고 장만할 만하다. 신혼집에서 남편과 로열델프트에 커피를 마시며 도란도란 이야기를 나누는 모습을 상상하면, 절로 미소가 지어질 것 같다. 공장 옆 박물관에선 네덜란드 왕실에서 사용했던 도자기 작품들을 포함해 다양한 델프트 도자기의 변천사를 감상할 수 있다.

진주 귀걸이 소녀가 살았던 마을

델프트는 소설과 영화로 만들어져 유명한 「진주 귀걸이를 한 소녀」를 그린 화가 요하네스 베르메르Johannes Vermeer의 고향이기도 하다. 베르메르는 델프트에서 태어나 델프트에서 그림을 그리다 델프트에서 생을 마감했다. 델프트의 화가답게 그의 그림에는 유독 파란색이 많이 등장한다. 진주 귀걸이를 한 소녀는 머리에 파란색 터번을 두르고 있고, 「우유 따르는 여인」, 「물주전자를 든 젊은 여인」, 「연애편지」 속 여인들은 모두 파란색 치마를 입고 있다.

트레이시 슈발리에Tracy Chevalier가 소설 『진주 귀고리 소녀』의 영감을 얻은 부분 역시 파란색이었다. 슈발리에는 '소녀가 머리에 쓴 파란 터번이 하녀의 것이라면 어떻게 값비싼 진주 귀걸이를 하고 있는 걸까?'라는 의문을 가졌다. 그 질문은 화가 베르메르와 타일도공의 딸 그리트의 안타깝고도 절제된 사랑 이야기로 풀어졌다. 이 소설을 바탕으로 한 영화에선 스칼렛 요한슨이 그리트 역을 맡았다. 영화에는 델프트 구시가지의 시청사와 광장의 모습도 등장한다.

지금도 델프트에는 베르메르의 생가와 무덤이 남아 있다. 생가는 그가 1632년부터 43세의 나이로 세상을 떠난 1675년까지 살았던 곳이다. 베르메르는 3층짜리 집에 아내와 11명의 아이들, 장모와 함께 살았는데, 꼭대기 층에 작업실을 마련해 두고 그곳에서 주로 그림을 그렸다고 한다. 신교회와 구교회의 대립이 치열했던 델프트에는 개신교의 신교회와 가톨릭의 구교회, 두 개의 큰 교회가 있다. 베르메르는 구교회 지하에 묻혀 있다.

델프트에는 베르메르 박물관이 있지만 그곳에선 「진주 귀걸이를 한 소녀」 진품을 만날 수 없다. 진품은 헤이그Hague의 마우리츠호이스Mauritshuis 왕립미술관에 베르메르의 다른 작품들과 함께 전시되어 있다. 1907년 고종 황제가 을사조약의 불법성을 폭로하고 한국의 주권회복을 국제사회에 호소했던 '헤이그 특사 사건'의 그 헤이그다. 델프트에서 헤이그까지는 기차로 10분 거리니 꼭 한번 가보기를 권한다.

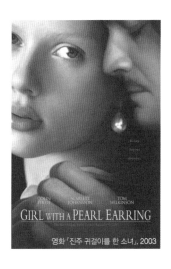

영화 「진주 귀걸이를 한 소녀」, 2003

(*TIP*) ══════════════════════════════════════ **델프트 가는 길**

암스테르담 중앙역에서 기차로 약 1시간 20분 거리다. 델프트 기차역에서 조금만 걸으면 운하를 따라 아기자기하게 꾸며진 델프트 구시가지가 나오는데, 이곳에 시청사와 광장 등 주요 볼거리가 모여 있다. 인포메이션센터에 가면 화가 요하네스 베르메르와 관련된 관광지가 나타나 있는 지도를 구할 수 있다. 토요일엔 구시가지 광장에서 벼룩시장이 열린다.

베르메르의 도시, 델프트

KLM의 '델프트블루하우스'

KLM네덜란드 항공은 1952년부터 비즈니스클래스 탑승객들에게 로열델프트에서 제작한 '델프트블루하우스' 미니어처 도자기를 선물로 주고 있다. 델프트블루하우스는 네덜란드 각 지역에 실제로 있는 집을 모델로 삼아 만드는 것으로, 도자기 안에는 네덜란드 술 '예네버르Jenever'가 담겨 있다. KLM 설립일인 10월 7일마다 새로운 델프트블루하우스를 발표하는데, 지금까지 총 90여 개 종류가 제작되었다. KLM 블루하우스 홈페이지(www.klmhouses.com)에서 지금까지 제작된 모든 델프트블루하우스를 볼 수 있고, 그 도자기의 모델이 된 실제 집의 위치도 확인 가능하다.

brugge

벨 기 에 **브뤼헤**

맥주의 언어로
사랑의 서약하기

그냥 좋은 당신과 그냥 예쁜 브뤼헤

"내가 왜 좋아?" "내 어디가 제일 예뻐?" 남자들이 세상에서 제일 어려워하는 여자의 질문이다. 이 질문이 어려운 이유는 정답이 없어서다. 여자는 자신의 어디가 제일 예쁜지 궁금해서가 아니라 남자의 사랑을 확인받고 싶어서 묻는다. 눈이 사슴같이 예쁘다든지, 보조개가 쏙 들어간 웃는 얼굴이 천사 같다든지, 너처럼 얼굴과 몸매와 마음이 다 예쁜 여자는 처음이라든지, 뭐 그런 미사여구를 덧바른 대답도 물론 좋다. 하지만 개인적으로 베스트 대답은 따로 있다고 생각한다. '너를 제일 사랑해'라는 눈빛으로 "그냥 네가 좋아, 다 예뻐"라고 말해 주는 것. 이유가 무엇인지도 모르는 채 그냥 좋고 다 예뻐 보이는 사랑, 때로는 그런 사랑이 이유가 분명한 사랑보다 더 깊고 크다.

신혼여행지로 유럽을 고르는 데엔 저마다의 이유가 있을 테지만 "그냥, 예뻐서"라고 말하는 이들이 생각보다 많다. 그런 사람들에게 추천하고 싶은 여행지가 벨기에 브뤼헤 Brugge, 브뤼주Bruges라고도 한다다. 벨기에를 여행한 모든 사람들이 '가장 좋았던 곳'이라고 엄지를 척! 내미는 도시, 콕 집어 이거 때문이라고 말하기 어려울 정도로 '다 좋고, 다 예쁘다'는 평가가 따르는 도시다.

브뤼헤는 벨기에의 북서부, 우리에겐 '플란다스'라는 영어 발음으로 더 익숙한 플랑드르 Flandre 지방의 서쪽에 자리해 있다. 그렇다, 추억의 애니메이션 「플란다스의 개」의 배경인 그 플란다스다. 레고 블록을 쌓아 만든 것 같은 모양의 벽돌건물들 사이사이 수로가 흐르고, 수십 개의 작은 다리가 놓인 아름다운 운하도시. '북쪽의 베네치아'라는 별명이 붙을 정도로 유럽에서 가장 예쁜 소도시 중 하나로 손꼽힌다.

브뤼헤의 아름다움을 감상하는 가장 로맨틱한 방법은 운하를 따라 도시를 유람하는 보트투어다. 잔잔한 물결에 몸을 싣고 흘러가다 보면 길 위와는 다른 각도에서 브뤼헤의 풍경을 만날 수 있다. 뱃사공 겸 가이드가 중간중간 덧붙여 주는 플랑드르 전통 건축물에 대한 설명도 꽤 유익하다. 다리 위에서 운하를 내려다보는 사람들과 나누는 눈인사, 손 인사는 또 다른 재미다.

두 발로 하는 산책도 빠뜨리면 아쉽다. 도시 전체가 유네스코 세계문화유산으로 지정되어 있는 브뤼헤에선 발길 닿는 곳마다 입에서 저절로 예쁘다, 예쁘다 감탄이 새어 나온다. 연인들은 고즈넉한 베긴회 수녀원Begijnhof을 둘러싸고 있는 사랑의 호수Minne Water를 꼭 찾아간다. 이 호수에서 소원을 빌면 사랑을 이룰 수 있다는 낭만적인 전설이 전해지기 때문이다. 그 전설을 증명이라도 하려는 듯, 사랑의 호수에는 평생 자기 짝 하나만을 바라보며 살아간다는 백조들이 많이 살고 있다. 그냥 좋은 사람과 그냥 예쁜 벨기에를 찾아갔다면 이 호수에서 '백조처럼 사랑할 수 있게 해 주세요'처럼 오글거리는 소원 하나쯤 빌어볼 일이다.

브뤼헤의 중세시대 모습을 가장 생생하게 만날 수 있는 곳은 '마르크트Markt 광장'이다. 계단모양 지붕으로 유명한 플랑드르 전통 양식의 길드하우스들이 서로 어깨를 꼭 붙인 채 서 있고, 브뤼헤의 상징인 벨포트Belfort 종탑도 여기에 있다. 1240년 무렵 세워진 벨포트 종탑에는 1개의 거대한 종과 46개의 작은 종이 있는데, 세계에서 가장 아름답고 깨끗한 종소리를 낸다고 한다. 마르크트 광장에선 매시 정각마다 그 종소리를 듣는 행운을 누릴 수 있다. 종탑 꼭대기에 올라 브뤼헤 전경을 감상하는 것도 필수 코스다. 366개의 좁은 나선형 계단을 따라 쉬지 않고 올라가다 보면 숨이 턱까지 차지만, 중세 분위기를 간직한 시가지와 운하가 어우러진 풍경이 눈앞에 펼쳐지는 순간 힘들다는 생각이 싹 사라진다.

브뤼헤와 함께 벨기에의 여러 도시를 여행할 계획이라면 주의해야 할 점이 있다. 다른 곳들을 다 둘러본 다음 브뤼헤는 마지막에 방문할 것. 브뤼헤를 먼저 볼 경우 다른 도시들이 전부 못생겨 보이는 부작용이 나타날 수도 있다.

만약 우리의 언어가 맥주라면 [1]

전 세계의 모든 술을 통틀어 가장 대중적인 사랑을 받는 술은 아마 맥주일 것이다. 요즘은 국산 시판 맥주도 예전보다 훨씬 맛이 나아졌지만, 독일·벨기에·체코 같은 맥주 본산지의 맛은 여전히 맥주 애호가들의 압도적인 사랑을 받고 있다.

'맥주광' 무라카미 하루키에 따르면, 좋은 술은 그 술이 만들어진 장소에서 마셔야 가장 맛있다. 생산지에서 멀리 떨어질수록 그 본래의 맛을 잃어버린다는 말이다. 그 말이 사실이라면 아무리 집 앞 편의점에서 호가든 맥주를 사 마실 수 있다고 한들, 진짜 맛있는 호가든 맥주는 벨기에 가야지만 맛볼 수 있는 것이다. 벨기에는 우리나라 전라도 면적밖에 되지 않는 작은 나라임에도 무려 500개가 넘는 맥주 브랜드가 있고, 로컬 브루어리에서 생산하는 맥주들까지 합하면 그 종류가 2,500가지를 넘는다고 한다. 그러므로 벨기에 여행에서 맥주를 탐하는 일은 욕구가 아니다. 그건 의무다. 특히 벨기에의 여러 도시 중에서도 맥주 제조업으로 이름난 브뤼헤를 갔다면 더더욱, 후회가 남지 않을 만큼 맥주를 즐기고 와야 한다.

브뤼헤의 '2be'라는 맥주상점은 '벨기에 맥주 성지여행'을 아주 손쉽게 만들어 주는 장소다. 1층에는 다양한 생맥주를 즐길 수 있는 펍이 있고, 지하층에는 수백 가지 종류의 벨기에 맥주가 각각의 전용 잔과 함께 판매되고 있다. 기념품용으로 출시된 특별한 디자인의 맥주 패키지부터 벨기에 맥주에 대한 상세한 설명이 담긴 책자 등 구경거리, 살거리가 무궁무진하다. 맥주를 좋아하는 사람이라면 눈이 획획 돌아가 정신을 똑바로 차리기 힘든 공간이다. 지하에서 구입한 병맥주를 마시고 가겠다고 하면 펍으로 안내해 시원한 전용 잔에 따라준다. 날씨 좋은 날엔 테라스에서 브뤼헤의 운하를 감상하며 맥주를 즐길 수도 있다.

브뤼헤를 대표하는 양조장 '드 할브만De Halve Maan, 반달'은 1856년부터 6대에 걸쳐 가족경영을 하고 있다. 쾌활한 브뤼헤 사람들의 별명인 '광대'에서 이름을 딴 '브뤼흐스 조트Bruges Zot, 브뤼헤의 광대' 맥주를 생산하는 곳이다. 벨기에 사람들은 자기 고장 맥주를 유난히 고집하는 것으로 알려져 있는데, 그래서 지역 사람들의 별명을 맥주 이름으로 붙인 걸지도 모르겠다. 드 할브만에서 운영하는 브루어리 투어에 참가하면 약 45분 동안 가이드의 자세한 설명과 함께 맥주가 만들어지는 과정을 볼 수 있다. 투어 끝에 마시는 신선한 브뤼흐스 조트 1잔도 투어 가격(8유로, 2016년 기준)에 포함되어 있다. 양조장에서 운영하는 펍에서는 음식과 함께 생맥주를 즐길 수 있다. 그리고 이곳에서 마시는 맥주는, 다시 한 번 무라카미 하루키의 말을 빌리면, 세상에서 가장 맛있는 브뤼흐스 조트일 것이다.

감자튀김·와플·초콜릿… 벨기에식 먹방

벨기에에는 맥주 말고도 유명한 '먹방' 요소가 많다. 마요네즈에 찍어 먹는 통통한 감자튀김, 벨기에 와플, 수제 초콜릿, 홍합요리는 벨기에 어느 도시를 가나 만날 수 있는 대표 음식들이다. 홍합요리와 감자튀김을 맥주와 함께 먹은 다음 토핑을 듬뿍 얹은 와플과 초콜릿 옷을 입힌 딸기를 디저트로 먹으면 완벽한 벨기에식 먹방 코스가 된다.

브뤼헤에서 가장 맛있게 마신 맥주의 전용 잔을 커플로 구입해 한국에서 '치맥'이 생각

나는 여름밤마다 맥주를 따라 마시면 어떨까. 물론 맥주 맛은 많이 다르겠지만 기분만

큼은 브뤼헤에서 허니문을 보내던 그때로 돌아갈 수 있을 테니 말이다.

1 무라카미 하루키의 책 『만약 우리의 언어가 위스키라면』을 차용

TIP ━━━━━━━━━━━━━━━━━━━━━━━━━━━ **브뤼헤 가는 길**

벨기에의 수도 브뤼셀에서 기차로 약 1시간이면 도착한다. 프랑스 파리에서 브
뤼셀까지 기차로 1시간 30분이면 갈 수 있기 때문에 많은 사람들이 파리에 묵
으면서 브뤼헤를 당일치기로 관광한다. 하지만 브뤼헤의 매력을 제대로 보고
싶다면 브뤼헤에 숙박하면서 여유를 갖고 여행하기를 추천한다. 작은 도시이지
만 즐길거리와 볼거리의 밀도가 높아 당일치기로는 부족하다. 브뤼헤는 2008
년 개봉한 범죄코미디 영화 「킬러들의 도시In Bruges」의 촬영지이기도 하다. 어
두운 줄거리와 상반되는 아름다운 도시의 매력을 아주 잘 보여주는 영화다.

"to discover a book in a well-stafed, lovingly maintained shop, then to sneak off and buy online is really just a genteel form of shoplifting."
David Nicholls, London Book Fair, 2015.

hay -on -wye

영 국 **헤이온와이**

책 을 사 랑 하 는
너 와 내 가 '우 리 의 서 재'를
채 우 는 시 간

서재 결혼식이 필요하다면

　　앤 패디먼Ann Fadiman의 책『서재 결혼시키기』에는 그녀가 결혼한 지 5년 만에 시인 남편과 서재를 하나로 합치는 과정이 그려져 있다. 엄청난 독서광이었던 두 사람이 서재를 합치는 일은 전쟁처럼 치열했다. 책을 분류하고 정리하는 기준이 서로 너무 달랐고 겹치는 책도 많아 어느 것을 간직하고 어느 것을 버릴지 결정해야 했는데, 각자의 방식을 한 치도 양보하기 힘들었기 때문이다. 그녀의 남편은 '결혼해 살면서 이혼을 심각하게 생각한 적은 거의 없는데 그때만은 달랐다'는 말까지 했다. 우여곡절 끝에 '서재 결혼식'을 마친 뒤 앤 패디먼은 이렇게 썼다. "이렇게 나의 책과 그의 책은 우리의 책이 되었다. 우리는 진정으로 결혼을 한 것이다."
　　이 이야기가 남의 일같이 느껴지지 않는다면, 당신에게 영국 웨일스Wales 헤이온와이 Hay-on-Wye로의 허니문을 권한다. 옆으로 와이 강River Wye이 흐르는 인구 1,500명 남짓의

이 작은 마을은 세계 최초의 책 마을이자 세계에서 가장 유명한 책 마을이다. 반경 약 200m 내에 서점 30여 개가 서너 집 걸러 한 집마다 북스토어 간판을 내걸고 있고, 마음 껏 책을 골라 양심껏 값을 지불하는 야외 무인책방도 골목골목 자리해 있다. 서점뿐 아니라 일반 가정집과 레스토랑, 카페, B&B들도 저마다 예쁜 표지의 헌책들로 유리창을 장식해 놓았다. 그야말로 책의, 책에 의한, 책을 위한 마을이라고 할 수 있다.

사실 헤이온와이는 원래 광부들이 모여 살던 탄광촌이었다. 1950년대 폐광이 된 후로 쇠락의 길을 걷던 마을에 생기를 불어넣은 건 20대 청년 리처드 부스Richard Booth였다. 책을 무척 좋아했던 그는 옥스퍼드대를 졸업한 뒤 고향에 헌책방을 열겠다는 계획을 세웠다. 마을 사람들은 '변변한 학교도 하나 없고 런던에서 4시간이나 떨어진 시골에 헌책방이 무슨 소용이냐'며 만류했지만 그는 아랑곳 않았다. 세계 각국을 다니며 사 모은 헌책으로 1962년 헤이온와이에 첫 번째 헌책방을 열었고, 이후로도 낡은 성채와 버려진 건물들을 사들이며 헌책방을 늘려갔다.

리처드 부스가 모은 책이 100만 권에 이르고 희귀한 고서적들도 많이 갖고 있다는 소문이 퍼지면서 관광객들이 헤이온와이를 찾아오기 시작했다. 그러자 처음에 그를 괴짜라고 칭했던 동네 사람들도 하나 둘 헌책방을 열었다. 1977년 리처드 부스가 헤이온와이를 '헌책방 왕국'으로 선포하고 본격적으로 관광지화하면서, 스러져 가던 폐광촌은 '책 애호가들의 성지'로 다시 태어났다. 오늘날 헤이온와이는 매년 25만 명의 여행자들이 찾아오고 영국 최대의 책 축제가 열리는 곳이 되었다. 또한 세계 각국 책 마을들의 모태가 되고 있으며, 우리나라 파주 책 마을의 이름이 '헤이리'인 이유도 헤이온와이의 뒤를 따랐기 때문이다.

해롱해롱, 헌책의 향기에 취해

독서광 커플이 헤이온와이를 찾는다면 앤 패디먼이 했던 것 같은 서재 결혼식을 곧장 시작할 수 있는 기회다. 나의 서재 혹은 너의 서재가 아닌 '우리의 서재' 첫 번째 칸을 채울 책들을 헤이온와이에서 함께 골라보는 것이다. 10년도 더 전에 출간되어 빛이 바랜 제인 오스틴Jane Austen의 소설책을 발견할 수도 있고, 조앤 K. 롤링 Joan K. Rowling의 『해리 포터』 시리즈 전집을 헐값에 구하는 행운을 만날 수도 있다. 미래에 아이가 태어나면 읽어 줄 첫 번째 영어 동화책으로 베아트릭스 포터Beatrix Potter의 『피터 래빗』 영문판을 사 오는 것도 좋겠다. 보물찾기 하듯 무인책방의 서가를 뒤적이는 일도, 진한 낙엽냄새 같은 헌책의 향기에 취해 작은 동네를 몇 바퀴씩 도는 일도, 좋아하는 사람과 좋아하는 일을 함께한다는 것만으로 그저 행복할 것 같다.

헤이온와이에서 가장 크고 유명한 서점은 이 마을을 만든 주인공인 '리처드 부스의 서점 Richard Booth's Bookshop'이다. 입이 떡 벌어질 만큼 비싼 가격의 고전소설 원본부터 1~2유로 짜리 가벼운 읽을거리, 신간까지 다양한 책들이 가지런히 정리되어 꽂혀 있다. 이색적인 테마 서점도 많다. '머더 앤 메이험Murder and Mayhem, 살인과 대혼란'이라는 이름의 서점은 탐정·추리소설만을 모아 놓은 곳으로, 독특한 인테리어 때문에 기념사진 촬영 배경으로도 인기다. '로즈북스Rose's Books'는 1982년 문을 연 어린이 동화책 전문 서점인데, 희귀본과 절판된 책을 포함해 1만 2,000여 권을 보유하고 있다. 이 서점에는 한 권에 1,400만 원에 달하는 베아트릭스 포터의 동화책 초판본도 있다고 한다. '헤이 시네마 북숍Hay Cinema Bookshop'은 영화책 전문 서점으로 20만 권에 달하는 중고 책을 판매하고 있다. '더 포이트리 북숍The Poetry Bookshop'은 영국에서 유일하게 시집만을 취급하는 서점이고, '모스틀리맵스닷컴Mostlymaps.com'은 세계의 앤티크 지도를 모아 판매하는 곳이다.

헤이온와이에선 매년 5월 마지막 주부터 6월 첫 주까지 '헤이 페스티벌Hay Festival'이란 이름의 영국 최대 책 축제가 열린다. 저명한 저자들과 수많은 책 애호가들이 한데 모여 각종 전시와 강연을 열고 이곳저곳에 모여 책에 관한 토론을 벌인다. 거리는 야외 책장으로 가득 차고, 잔디밭마다 배를 깔고 엎드려 햇살 아래 책을 읽는 사람들로 붐빈다.

움베르토 에코Umberto Eco의 소설 『장미의 이름』 서문에는 이렇게 적혀 있다. "내 이 세상 도처에서 쉴 곳을 찾아보았으되 책이 있는 구석방보다 나은 곳은 없더라." 책이 그득한 구석방 같은 마을, 헤이온와이에서 책과 함께 빈둥빈둥 달콤한 휴식을 가져 보기를.

헤이온와이 서점 미리보기

헤이온와이 홈페이지(www.hay-on-wye.co.uk/bookshops)에서 마을 내 서점
별 소개와 주소, 연락처, 운영시간 등 상세한 정보를 볼 수 있다. 매해 새롭게 업
데이트되는 지도도 다운로드 받을 수 있다. 헤이 페스티벌 공식 웹사이트(www.
hayfestival.com)에서는 축제 일정과 프로그램 정보를 확인할 수 있다.

헤이 캐슬 북숍

 헤이온와이 가는 길

런던에서 헤이온와이까지 한 번에 가는 교통편은 없다. 기차로 런던 패딩턴 Paddington역에서 헤리퍼드Hereford까지 약 3시간 이동한 다음, 헤리퍼드에서 39번 버스로 갈아타고 약 1시간을 더 가야 한다. 왕복에 총 8시간이 걸리기 때문에 당일치기보다는 헤이온와이에서 숙박하는 편이 좋다. 아름다운 저녁놀을 감상하고 영국 특유의 아기자기한 B&B에 묵어 보는 것을 추천한다. 헤이온와이에선 매주 목요일 각종 식료품과 잡화를 파는 시장이 열린다. 매주 화요일은 반나절만 영업하는 상점이 많으니 피하는 것이 좋다.

bakewell

영국 **베이크웰**

우리 사이에도
오만과 편견이 있을까

「오만과 편견」속 시골 마을로

한 번 보는 것으로 족한 영화가 있고, 보고 또 봐도 부족한 영화가 있다. 내게 있어 후자는 2005년 개봉한 제인 오스틴 소설 원작 영화 「오만과 편견Pride & Prejudice」이다. 사실 웬만한 영화는 다 전자에 속한다. 요즘처럼 볼거리가 많은 시대에 특별한 이유 없이 왜 같은 영화를 두 번 이상 보겠는가. 그렇지만 「오만과 편견」은 다르다. 볼 때마다 몰랐던 장면에 가슴이 설레고, 새로운 대사가 마음에 꽂힌다. 중세 영국 시골 마을의 서정적인 분위기와 따뜻한 피아노 선율에 젖어 한 편을 다 보고 나면 예외 없이 마음이 차분하고 따뜻해진다.

언젠가 영국 시골마을을 꼭 여행하리라 마음먹은 것은 그 때문이다. 영화 속에서 여주 인공 엘리자베스가 했던 것처럼 숲길을 걸으며 소설책을 읽어 보고도 싶고, 영화 배경에 흐르던 피아노 음악을 들으면서 나와 그 사이의 오만과 편견에 대해 이야기해 보고도 싶고. 그렇게 시간을 흘려보내고 나면 예외 없이 마음이 차분하고 따뜻해질 것 같다. 실제 「오만과 편견」의 배경이 된 영국 더비셔Derbyshir 지방에 가면 그런 여행을 할 수 있지 않을까? 더비셔 지방의 소도시 베이크웰Bakewell은 영국 최초의 국립공원인 피크디스트릭트Peak District 안에 위치해 있어, 조용하고 평화로운 시골 마을의 정취와 아름다운 자연 경관을 함께 느낄 수 있는 곳이다. 베이크웰에는 구불구불한 골목길이 많은데, 아무 길이나 따라 걸어가다 보면 그 끝에는 어김없이 작은 카페가 하나씩 자리를 잡고 있다. 큰길가에는 베이크웰에서 가장 유명한 음식인 '베이크웰 푸딩'을 파는 베이커리들이 저마다 '내가 진짜 원조'라고 주장하는 간판을 붙이고 있다. 그 풍경이 왠지 신당동 떡볶이 거리나 장충동 족발골목에서 자주 보던 것 같아 재미있다. 베이크웰 푸딩은 우리에게 익숙한 탱글탱글 젤리 같은 푸딩이 아니다. 쉽게 말하면 페이스트리 파이 같은 건데, 파이에 딸기잼을 채우고 달걀과 설탕을 녹여 굽는다고 한다. 속는 셈 치고 '원조'라고 우기는 아무 집이나 들어가 따뜻한 홍차 한 잔에 베이크웰 푸딩을 곁들여 먹으면 재미있는 추억이 될 것 같다.

"편견은 내가 다른 사람을 사랑하지 못하게 하고, 오만은 다른 사람이 나를 사랑할 수 없게 만든다."

-제인 오스틴

미스터 다아시의 이름을 불러 보며

베이크웰 바로 인근에는 「오만과 편견」에서 남주인공 미스터 다아시Mr. Darcy의 저택으로 나온 '채스워스 하우스Chatsworth House'가 있다. 영화에서 엘리자베스가 뚜벅뚜벅 걸어 들어오던 멋진 대리석 바닥도, 넋을 잃고 바라봤던 조각상 '베일드레이디A Veiled Vestal Virgin'도 모두 이 저택에서 실물로 볼 수 있다. 베일드레이디는 1800년대 이탈리아 조각가인 라파엘 몬티Raffaelle Monti의 작품으로, 면사포 조각이 실제 천을 덮어놓은 것으로 착각될 정도로 섬세하다고 한다. 영화에 등장한 미스터 다아시의 조각상도 볼 수 있는데, 그 아래에 '조각상에 키스하지 마시오'라는 경고 문구가 붙어 있다고 하니 얼마나 많은 여인들이 영화 속 미스터 다아시와 사랑에 빠졌는지 알 만하다.

실제로 과거 더비셔 주 대지주의 집이었던 채스워스 하우스는 개인 사유지란 사실을 믿기 힘들 만큼 화려하고 웅장하다. 내부를 가득 채운 예술품들은 바티칸 미술관의 그것과 견주기도 하고, 런던 버킹엄궁전보다 채스워스 하우스가 더 궁전 같다고 말하는 사람들도 있다. 총 126개의 방이 있는데, 그중 100개는 방문객들이 볼 수 없게 문이 닫혀 있다. 넓이가 42만 5,000㎡에 달하는 정원에는 영국에서 가장 긴 인공폭포가 있고, 길이 8km가 넘는 산책로, 분수대, 갖가지 모양으로 조각된 꽃과 나무가 가득하다.

이곳에서 영화의 주인공이 된 듯한 기분으로 영국 발음을 따라 하면서 서로를 미스터 다아시와 엘리자베스의 이름으로 불러보거나, 영국 신사와 숙녀처럼 차려 입고 둘만의 「오만과 편견」 포스터를 찍어 보는 건 어떨까. 정원을 하루 종일 산책하거나, 아이처럼 신발을 벗고 인공폭포에 발을 담그며 놀고, 미로 정원에 들어가 숨바꼭질을 해 보는 건. 그렇게 시간을 보내고 나면 예외 없이 마음이 차분하고 따뜻해질 것이다.

영화 「오만과 편견」, 2005

TIP ══ **베이크웰 가는 길**

기차역이 있는 가장 가까운 도시는 셰필드Sheffield다. 런던London에서 셰필
드까지 기차로 약 3시간이 소요된다. 셰필드에서 버스로 갈아타고 약 1시간이
면 베이크웰Bakewell에 도착할 수 있다. 베이크웰에서 채스워스 하우스까지는
218번 버스가 매일 운영하고 있으며, 약 15분이 걸린다. 더비셔 대중교통 홈
페이지(www.derbysbus.info/times/tt_201_999.htm)에서 버스 시간표를
확인 가능하다.

채스워스 하우스

베이크웰 푸딩 베이커리

베일드 레이디 조각상

alba

이 탈 리 아 **알바**

알바에선 그냥
먹고, 마시고, 사랑하라

이탈리아에서 가장 '잘 먹는' 도시

몇 달 전 서점에 갔다가 제목에 홀려 책을 한 권 샀다. 『산다는 건 잘 먹는 것』이라는 일본작가의 수필집이었다. 책은 일상의 음식들에 담긴 사소하지만 의미 있는 이야기들을 조근조근 들려주었다. 식은 밥에도, 젓가락 받침에도, 레몬 한 조각에도 수많은 이야기가 어려 있었다. 그 책을 읽으면서 정말 어쩌면, 잘 먹는 것이야말로 잘 사는 것일 수 있겠구나, 생각하게 되었다.

이탈리아 피에몬테Pied Monte 주의 소도시 알바Alba를 소개하기에 앞서 뜬금없이 일본 음식 수필집 이야기를 꺼낸 이유가 있다. 맛있는 음식의 나라 이탈리아에서 '가장 잘 먹는' 사람들이 사는 도시가 바로 알바다. 그래서 궁금해졌다. 알바 사람들은 어떻게 살까. 또 이런 생각도 들었다. 앞으로 수십 년간 밥상을 공유하게 될 사람과 알바로 허니문을 떠난다면, 어쩌면 '잘 먹는 법'뿐 아니라 '잘 사는 법'까지 배워올 수 있지 않을까.

실제로 알바가 속한 피에몬테 주는 이탈리아 미식의 중심지인 동시에 중세부터 지금까지 이탈리아에서 가장 부유하게 사는 지역이다. 프랑스가 이 얘길 들으면 펄쩍 뛰겠지만, 과거 피에몬테 공국 공주가 프랑스로 시집을 가면서 피에몬테의 식기와 요리사를 대동했는데 그 전까지 프랑스에 포크와 나이프조차 없었다는 전설(?)도 있다.

알바는 인구 3만 명의 소도시지만 음식과 와인에 있어서의 영향력은 피에몬테 주를 대표할 만하다. '와인의 왕'이라고 불리는 바롤로, '와인의 여왕'이라고 불리는 바르바레스코 같은 명품 와인이 이곳에서 생산되고, '미슐랭이 별을 쏟아부었다'고 할 정도로 미슐랭스타 레스토랑이 많다. 세계적인 초콜릿 회사 '페레로 로쉐'의 본사도 알바에 있다.

송로버섯 · 고르곤졸라치즈 · 헤이즐넛 등 식자재 산지로도 유명하다. 특히 캐비아 · 푸아그라와 함께 세계 3대 진미로 꼽히는 송로버섯은 '땅속의 다이아몬드'라고 불릴 정도로 귀한데, 알바는 송로버섯 중에서도 가장 고급으로 치는 흰 송로버섯White Truffle의 최상급 산지다. 10~11월 송로버섯 축제 때 알바를 찾아가면 온갖 레스토랑들이 선보이는 송로버섯 파스타와 스테이크를 맛볼 수 있다. 이 기간엔 전 세계에서 미식가들이 몰려들어 호텔과 레스토랑 예약이 어려울 정도라고 한다.

10년의 숙성으로 완성되는 와인처럼

이탈리아는 전국 거의 모든 지역에서 와인을 생산하지만, 4대 명품 와인인 바롤로Barolo, 바르바레스코Barbaresco, 키안티클라시코Chianti Classico, 브루넬로디몬탈치노Brunello di Montalcino의 산지는 피에몬테 주와 토스카나Toscana 주에 모두 몰려 있다. 그만큼 이 두 지역이 포도 재배에 있어 최적의 토양과 날씨를 갖췄다는 뜻일 테다. 그중에서도 알바가 와인 여행지로서 특별한 이유는 그 기라성 같은 4대 와인 중 2개 와인이 생산되는 곳이기 때문이다. 바롤로와 바르바레스코는 인구 600~700명 정도의 작은 마을로, 둘 다 알바에서 차로 10~20분 거리다.

와인의 왕과 여왕인 두 와인은 같은 네비올로Nebbiolo 품종 포도로 만들어지고 재배방법과 양조방법도 거의 동일하다. 단지 미세한 테루아의 차이 때문에 종류와 이름이 완전히 구분된다. 둘 중 더 높은 평가를 받는 바롤로 와인은 아주 묵직하고 남성적이며, 육중한 타닌과 깊은 장미향이 특징이다. 이에 비해 바르바레스코 와인은 섬세하고 여성적이며, 상대적으로 타닌이 적어 부드럽다. 바롤로 마을에서 불과 16km 떨어진 바르바레스코 마을의 날씨가 좀 더 따뜻해 포도가 빠르게 익기 때문이라고 한다.

네비올로 품종은 오래 숙성할수록 품질이 좋아지는 것이 특징이다. 그래서 바롤로와 바르바레스코는 10년은 물론 20년도 족히 보관할 수 있는, 흔치 않은 장기 숙성형 와인이다. 최소 2~3년 오크통에서 숙성시켜야 시중에 출시할 수 있고, 병입 후에도 6~8년 이상 지나야 제맛을 낸다. 이탈리아의 와인 애호가들은 자녀가 성년이 되었을 때 기념주로 마시기 위해 자녀가 태어난 해의 바롤로 와인을 구입해 두는 경우가 많다고 한다.

그러니 알바로 허니문을 가게 된다면, 둘이 처음 만난 해의 빈티지 와인을 꼭 한 병쯤 기념품으로 사 오길 권하고 싶다. 만난 지 10주년이 되었을 때, 혹은 결혼 10주년이 되었을 때 그 와인으로 축하할 것을 약속하면서 말이다. 10년의 숙성을 거쳐 완성된 와인처럼, 10년의 성숙을 거쳐 더욱 완성된 사랑을 음미할 수 있을 것이다.

알바 식도락 여행법

와인을 탐하러 알바를 찾았다면 '에노테카Enoteca'를 꼭 방문해야 한다. 에노테카는 피에몬테 주정부가 유명 와인산지들에 운영하는 일종의 '지역 와인 종합 정보센터'다. 알바를 대표하는 에노테카는 바롤로 마을의 바롤로 성 지하 1층에 위치해 있는데, 블라인드 테스트를 거쳐 일정 수준 이상의 품질을 검증한 수백 종류의 와인을 한곳에서 만날 수 있다. 비슷한 특징을 가진 와인을 모아 서로 비교하며 시음할 수 있고, 현장에서 구입도 가능하다.

미슐랭스타 레스토랑에서 바롤로, 바르바레스코 와인과 찰떡궁합을 자랑한다는 송로버섯 스테이크를 맛보는 것도 빠뜨릴 수 없다. 가장 유명한 곳은 미슐랭 최고점인 별 3개를 받은 '피아차 두오모Piazza Duomo'다. 3스타 레스토랑의 가격이 부담스럽다고 걱정할 필요는 없다. 알바에는 미슐랭 1스타 레스토랑도 12개나 된다. 또한 꼭 미슐랭스타가 아니더라도 어느 레스토랑에서나 엄지를 척 치켜들 만큼 훌륭한 음식을 맛볼 수 있다.

이 지역에서 유명한 화이트와인 '아르네이스Arneis'를 식전주로 시작해, 스테이크와 함께 바롤로 또는 바르바레스코를 즐기고, 달달한 '모스카토 다스티Moscato d'asti'로 식사를 마무리한다면 완벽한 피에몬테식 만찬을 경험하게 될 것이다.

TIP ⸻⸻⸻⸻⸻⸻⸻ **알바 가는 길**

이탈리아의 수도 밀라노에서 자동차로 2시간, 기차로 3시간 거리다. 알바 주변의 와인마을들을 여행하려면 자동차는 필수이기 때문에, 밀라노에서부터 렌터카를 이용해 이동해도 되고 알바에 도착해 차를 렌트해도 좋다. 알바는 이탈리아의 다른 시골마을과 마찬가지로 오후 1시부터 4시까지는 모든 상점이 문을 닫고 휴식시간을 갖는다.

완벽한 포도를 키워내는 땅 '랑게'

바롤로, 바르바레스코가 속한 알바 인근 지역의 와인산지를 '랑게Langhe'라고 부른다. 랑게는 우리말로 '구릉'이라는 뜻이다. 랑게의 포도밭은 알프스 산자락의 해발 500~600m의 구릉 사면에 펼쳐져 있는데, 기후가 서늘하면서도 햇볕이 오랫동안 내리쬐는 것이 특징이다. 와인 전문가들에 따르면, 서늘한 기후에서 자란 포도는 생기가 넘치지만 완숙하지 않아 거친 질감이 미각을 해치고, 더운 기후에서 자란 포도는 완숙하지만 상큼함이 부족하다. 랑게 지역의 포도는 알프스의 서늘한 기후 속에서 자라 생기가 넘치면서도, 햇볕이 오랫동안 내리쬐는 사면에서 완숙해 상큼하다는 면에서 '완벽'에 가깝다.

랑게 포도밭

허니문 프로젝트 *12*

lucca

이 탈 리 아 **루카**

오페라가 흐르는 성벽도시에서
둘만의 자전거 산책

2007년 영국의 유명 오디션 프로그램「브리튼스 갓 탤런트Britain' Got Talent」에 출연해 기적처럼 운명이 바뀐 오페라 가수 '폴 포츠Paul Robert Potts'를 기억할 것이다. 가난한 휴대전화 판매원이었던 그가 세상을 향해 꿈을 노래하는 영상은 전 세계인을 감동으로 눈물짓게 했다. 오디션에서 우승을 거머쥔 폴 포츠는 세계적인 스타가 되었고, 그의 이야기는 2013년「원 챈스One Chance」라는 영화로까지 개봉되었다.

폴 포츠의 운명이 바뀐 그날 그 무대에서 불린 노래는 오페라「투란도트Turandot」에 등장하는 아리아「네순 도르마Nessun Dorma」였다. 'Nessun Dorma'는 '누구도 잠들면 안 된다'는 뜻. 줄거리는 이렇다. 중국 베이징의 공주 '투란도트'가 자신에게 구혼하러 온 왕자들에게 3가지 수수께끼를 내어, 모두 맞히면 결혼하겠지만 하나라도 틀리면 목을 베겠다고 한다. 13명의 왕자가 투란도트 공주의 아름다움에 반해 도전했으나 모두 참수되고 만다. 목숨을 걸고 14번째로 도전한 '칼라프' 왕자는 수수께끼를 모두 맞힌다. 당황한 투란도트에게 칼라프는 "24시간 안에 내 이름을 알아내면 나를 옥에 가두어도 좋다"고 말한다. 공주는 즉시 베이징 전역에 "그의 이름을 알아내기 전까지 누구도 잠들면 안 된다"고 명령을 내린다. 하지만 칼라프의 이름을 아는 사람은 그의 아버지와 몸종뿐. 이때 승리를 확신한 칼라프가 기쁨에 차 부르는 아리아가 바로「네순 도르마」다.

이탈리아 토스카나 주의 소도시 루카Lucca는 이 오페라를 작곡한 자코모 푸치니Giacomo Puccini의 고향이다. 푸치니는 루카 성당의 오르간을 연주하면서 10세에 음악적 재능을 인정받았고, 18세에 옆 도시 피사Pisa에서 공연된 주세페 베르디Giuseppe Verdi의 오페라「아이다Aida」를 본 뒤 작곡가가 되기로 결심했다고 한다. 그렇게 푸치니는 12개의 오페라 작품을 남겼고, 그중「토스카Tosca」「라 보엠La Bohème」「나비 부인Madama Butterfly」은 오늘날 세계에서 가장 많이 공연되는 오페라 1위, 2위, 4위를 차지하고 있다.

푸치니는 1924년 세상을 떠났지만 지금도 루카에 가면 곳곳에 푸치니의 흔적이 흥건하다. 손에 담배를 들고 왼쪽 다리를 오른쪽 무릎 위에 턱 걸친 채 앉은 모습의 푸치니 동상을 보며 푸치니의 생전 모습을 가늠해 볼 수 있다. 그가 1858년 태어나 22세까지 살았던 생가는 박물관으로 재구성되어 푸치니가 직접 연주했던 피아노와 오페라 악보 등을 전시하고 있다. 뿐만 아니라 도시 곳곳에 '푸치니 레스토랑', '푸치니 호텔', '투란도트 레스토랑', '나비 부인 카페'처럼 그와 그의 작품 이름을 딴 장소들이 가득하다. 푸치니 오페라 팬에게는 최고의 여행지가 아닐 수 없다.

만약 당신이 루카로의 오페라 여행을 결심했다면, 그 시기는 7~8월로 정했으면 좋겠다. 매년 그 기간에 루카에서 자동차로 30분 거리의 마을 '토레 델 라고Torre del Lago'에서 '푸치니 페스티벌Puccini Festival'이란 이름의 오페라 축제가 성대하게 열리기 때문이다. 조용하고 외진 호숫가 마을 '토레 델 라고'는 푸치니가 약 30년 동안 머물며 「투란도트」, 「나비 부인」, 「토스카」 등의 대표작을 만든 곳이다. 푸치니 사후 1938년에 마을 이름을 아예 '토레 델 라고 푸치니'라고 바꾸었을 정도로 푸치니와의 인연이 깊은데, 이탈리아에서 지명에 사람 이름을 넣은 유일한 경우라고 한다.

푸치니 페스티벌은 2014년 60주년을 맞은, 세계 3대 오페라 축제 중 하나다. 당대 최고의 오페라 가수들과 연주자들이 매년 최대 4편의 푸치니 오페라 작품을 공연한다. 4,000여 명이 앉을 수 있는 야외공연장은 전 세계에서 찾아온 음악 순례자들로 가득 찬다. 하늘에 별이 총총 뜬 한여름 밤, 푸치니가 살았던 작은 호숫가 마을의 노천극장에서 세계 최고의 오페라 공연을 감상하는 경험, 생각만 해도 가슴 벅차지 않은가? 평생 한 번쯤 꼭 보고 싶은 최고의 오페라 공연, 평생 한 번뿐인 허니문에서 볼 수 있다면 더 없이 완벽할 테니.

자전거와 루카의 찰떡궁합

당신이 루카에 도착해 가장 먼저 눈길 가는 것이 있다면 그건 자전거일 것이다. 루카는 자전거의 도시다. 중세시대에 지어진 성벽에 둘러싸인 도시의 구석구석으로 자전거 산책로가 혈관처럼 뻗어 있다. 호텔에서는 투숙객들에게 자전거를 무료로 빌려 주고, 기차역은 물론 시내 곳곳에서 자전거 대여소를 쉽게 발견할 수 있다. 현지인들도 다들 자전거를 타고 지나다닌다. 그중에는 멋진 수트를 입고, 예쁜 원피스를 입고 페달을 밟는 사람들도 있다.

루카는 수많은 침략 전쟁이 벌어졌던 12세기에도 하나의 공화국으로 자치 독립을 했고, 이후로도 500여 년 동안 완전한 독립을 유지했던 곳이다. 그래선지 화려하진 않지만 어느 도시보다 평화롭고 잔잔한 분위기가 매력이다. 그 점이 자전거와 루카의 궁합 포인트일지도. 자전거를 타고 성벽 안쪽의 구시가 골목 구석구석을 누빌 수도 있고, 성벽 위로 자동차 2차선 도로만큼 널찍하게 조성된 자전거 길을 시원하게 달릴 수도 있다. 사랑하는 사람과 함께라면 자전거 위에서 맞는 바람에서도 달콤한 맛이 나고, 눈앞에 펼쳐진 토스카나의 평화로운 풍경이 그림을 보는 듯할 것 같다.

루카는 2015년 개봉한 탕웨이 주연의 영화 「온리유Only You」에도 등장한다. 운명의 사랑을 찾아 무작정 이탈리아로 여행을 떠난 여자(탕웨이 분)는 루카의 산 미켈레 성당San Michele in Foro 앞 카페에서, 푸치니 광장의 노천 레스토랑에서 남자(리아오 판 분)와 속 깊은 대화를 나눈다. 영화에 등장한 산 미켈레 성당은 웅장하고 화려한 파사드(건물의 전면) 장식으로 아주 유명한 건축물이다. 그밖에도 루카 구시가에는 중세시대 모습을 그대로 간직한 고색창연한 건축물들이 많다. 특히 고대 로마제국의 원형극장이 있었던 모양 그대로 건물들이 둥글게 둘러싸고 있는 안피테아트로 광장Piazza Anfiteatro은 루카의 상징이자 시민들의 만남의 장소다. 이곳에는 루카에서 가장 손꼽히는 레스토랑, 카페들이 자리해 있다.

안피테아트로 광장 바로 뒤는 루카에서 가장 붐비는 필룽고 거리Via Fillungo다. 고풍스러운 가게와 식재료 마켓, 카페가 가득해 구경만 해도 재미있는 곳이다. 한번쯤 이곳에서 올리브오일과 파스타 재료를 사서 직접 요리를 해 보는 것도 좋겠다. 토스카나에서 직접 장을 본 토스카나 식재료에 사랑까지 듬뿍 넣어 만든 파스타의 맛은 어떨지 궁금하다. 루카의 전망을 한눈에 내려다보고 싶다면 구이니지 탑Torre Guinigi에 올라가 보길. 루카를 이끌었던 귀족인 구이니지 가문의 탑으로, 꼭대기에 나무가 심어져 있는 것이 독특하다. 그곳에서 바라보이는 평화롭고 잔잔한 루카의 풍경처럼, 언제나 평온하고 잔잔한 웃음과 사랑이 감도는 가족을 만들어 갈 수 있기를 기도해 보는 건 어떨까.

영화「푸치니의 여인」

2008년 개봉한 이탈리아 영화「푸치니의 여인Puccinie la fanciulla」을 보면 푸치니를 한층 더 깊게 이해할 수 있다. 푸치니는 오페라를 작곡할 때마다 자신이 사랑했던 여성을 작품의 여주인공으로 형상화시켰다고 한다. 이 영화는 푸치니가 호숫가 마을 토레 델 라고에서「서부의 아가씨」작곡에 몰두할 때의 실화를 바탕으로 만든 것이다. 푸치니가 그의 집 하녀였던 도리아 만프레디에게 유독 친절하게 대하자, 푸치니의 아내는 둘의 관계를 의심하기 시작했다. 하지만 푸치니와 아무런 관계가 아니었던 도리아는 괴로움을 견디지 못하고 자살하고 만다. 당시 이 스캔들은 이탈리아 전역을 휩쓸었고,「푸치니의 여인」이 개봉한 뒤에도 사실 관계를 둘러싼 논쟁이 뜨거웠다. 감독이 인상파 화가여서 서정적인 영상이 아름답고, 영화 배경음악으로 푸치니가 작곡한 피아노곡만이 흐른다는 것도 이 영화의 매력이다.

TIP ─── **루카 가는 길**

토스카나 주 주도인 피렌체Firenze에서 기차로 1시간 30분 거리다. 가는 길의
창밖 풍경이 아름답기로 유명하다. 보통 루카는 피렌체에서 피사Pisa로 이동하
는 여행자들이 잠시 들르는 중간 기착지 같은 곳이다. 루카에서 피사까지는 기
차로 약 40분이다.

lake como

이 탈 리 아 **코모 호수**

이탈리아 연인들의 로망을
우리의 허니문으로

사랑받는 것엔 이유가 있다

　　　　　자신이 생각하는 가장 아름다운 장소에서 결혼식을 올리는 일은 전세계 연인들의 공통된 로망이다. 이탈리아의 연인들은 코모 호수Lake Como를 마음에 품는다. 아니, 이탈리아 사람이 아니어도 코모 호수를 알고 있는 사람은 누구나 한 번쯤 그곳에서 결혼하는 상상을 한다. 존 레전드와 조지 클루니도 각각 2013년과 2014년 코모 호수에서 결혼식을 올리며 로망을 현실로 만들었다.

코모 호수는 스위스와 국경을 접한 이탈리아의 북쪽에 오르타Orta 호수, 마조레Maggiore 호수, 루가노Lugano 호수, 이세오Iseo 호수, 가르다Garda 호수 등과 함께 자리해 있다. 이 호수들은 모두 알프스의 빙하가 녹아 흘러내린 물이 고여 만들어졌다. 이들 중에서도 '세상에서 가장 아름다운 호수'란 수식어가 붙는 곳이 코모 호수다. 밀라노에서 기차로 50분 거리에 있는 도시 코모와 접해 있어 코모 호수라는 이름으로 유명하지만, 정식 명칭은 '라리오Lario 호수'다.

코모 호수는 중세시대부터 유럽 귀족과 부호, 예술가들의 휴양지로 사랑받았다. 깎아지른 듯 높은 알프스 산맥과 깊고 푸른 호수, 지중해의 온난한 기후, 알록달록한 호숫가 마을의 풍경이 어우러진 이곳을 어찌 사랑하지 않을 수 있었을까. 지금도 코모 호수는 전 세계의 슈퍼리치들이 사랑하는 휴양지다. 호숫가엔 대저택과 호화별장, 고급호텔이 즐비하다. 할리우드 배우들, 베르사체, 아랍 왕족 등 많은 유명인과 부자들이 이곳에 별장을 사놓고 틈날 때마다 찾아와 휴가를 보낸다.

호수와 서른 개의 동화

　　　　　'코모에 도착해 가장 먼저 해야 할 일은 코모를 떠나는 일'이란 말이 있다. 관문도시인 코모에만 머물러서는 코모 호수의 진가를 볼 수 없다는 이야기다. 코모 호수는 동그랗지 않다. 알프스 산맥에서 한 줄기로 내려오다가 양 갈래로 갈라지는 '사람 인(人)'자 모양으로 생겼다. 혹자는 이를 두고 '아름다운 여인이 고개를 뒤로 젖히고 발레를 하는 것 같은 모습'이라고도 했다. 이 길쭉한 호숫가를 따라 30여 개의 동화 같은 마을이 동글동글 뭉쳐 있다. 페리를 타거나 자동차를 빌리거나 버스표를 끊어 이 마을들 속으로 들어가야 코모 호수의 진짜 아름다움을 만나게 된다.

가장 유명한 마을은 호수가 두 갈래로 나뉘는 꼭짓점에 있는 '벨라조Bellagio'다. '아름답고 마음 편한 곳'이란 뜻을 가진 이 마을은 코모 호수의 진주라고 불린다. 마을 구석구석 그림 같은 골목이 천지여서 젤라토를 하나씩 손에 쥐고 걷는 것만으로도 행복해질 수 있다. 벨라조엔 5성급 호텔이 딱 하나 있는데, 1700년에 건축된 빌라를 1973년 호텔로 개조한 '세르벨로니Grand Hotel Villa Serbelloni'다. 영화감독 조지 루카스, 전 유엔 사무총장 부트로스 갈리 등이 이곳에 묵었다.

시간이 많지 않다면 코모에서 페리로 두 정거장 거리의 '체르노비오Cernobbio' 마을을 가보길 권한다. 코모 호수 전체를 통틀어 가장 유명한 호텔 '빌라 데스테Villa d'Este'가 여기 있다. 25에이커에 이르는 정원, 2개의 메인 빌딩, 3개의 프라이빗 빌라, 골프장, 전용 선착장 등을 갖춘, 유럽에서도 손꼽히는 전설적 호텔이다. 15세기 소박한 수녀원이었던 곳이 100년 후인 16세기에 대저택으로 개조됐고, 1873년부터 호텔로 이용되며 무려 600여 년의 세월 동안 코모 호수의 상징이 되어 왔다. 호텔엔 총 152개 객실이 있는데 단 하나도 똑같은 인테리어가 없이 각각의 개성을 자랑한다.

빌라 데스테의 아름다움은 16세기에 이미 모로코 왕족에게까지 소문났다고 하고, 이후로도 이탈리아를 비롯한 세계 각국의 왕족과 귀족이 찾아와 휴가를 즐겼다. 호텔이 된 뒤로는 소설가 마크 트웨인, 가수 마돈나, 디자이너 랄프 로렌 등 세계적인 명사들이 이곳을 '두 번째 집'이라 부를 정도로 자주 찾았다. 20세기 중반엔 '또 하나의 할리우드'라고 불릴 정도로 많은 영화배우들이 모여들었다고 한다. 빌라 데스테에서 촬영된 영화도 앨프레드 히치콕 감독의 「쾌락의 정원」을 비롯해 셀 수 없을 정도로 많다.

고급스럽게, 클래식하게

앞서 소개한 빌라 데스테는 고객의 사생활 보호를 최고의 가치로

코모 호수의 진주라고 불리는 마을, 벨라조의 골목길

(TIP) ═══════════════ 코모 호수 가는 길

코모는 밀라노에서 기차를 타고 가는 것이 가장 편리하다. 50분
이면 도착한다. 코모에서 코모 호수의 다른 마을로 이동할 땐 페
리 또는 버스를 타면 된다. 코모 카보르 광장 선착장에선 하루 30
편 이상의 페리가 출발하는데, 벨라조까지 가는 배는 수시로 운항
한다. 갈 때는 마을마다 정박하면서 천천히 가는 유람선을, 돌아올
때는 코모까지 곧장 오는 일반 여객선을 타는 것이 좋다.

꼽는 곳이어서, 아무나 호텔 내부를 둘러볼 수 없다. 그렇다고 코모 호수를 대표하며 유럽 전체에서 손꼽히는 호텔을 목전에 두고 그냥 돌아서긴 아쉬울 터. 빌라 데스테 감상과 고급스러운 데이트, 코모 호수 최고의 경치를 한 번에 즐기는 방법이 있다. 바로 빌라 데스테의 '라 베란다La Veranda' 레스토랑에서 식사를 하는 것이다. 코모에서 보트를 빌려 타고 빌라 데스테 선착장에 내리면 직원이 나와 레스토랑까지 안내해 준다. 햇빛이 호수에 반짝이는 점심이나 노을이 호수를 물들이는 저녁, 빌라 데스테의 아름다운 건축과 정원을 두 눈에 담으며 이탈리아 정통 음식을 맛보는 경험. 사랑하는 사람과의 코모 호수 여행에서 만들 수 있는 최고의 추억이 될 것이다.

클래식한 데이트를 좋아하는 커플에겐 조금 다른 걸 추천하고 싶다. 페리가 아닌 마을버스를 타고 코모 호수 주변 마을을 여행하는 거다. 가장 붐비는 노선인 코모에서 벨라조 가는 길을 넘어서면 버스는 좁고 가파른 골목길로 들어선다. 차 한 대가 겨우 지나갈 듯한 길을 미끄러지듯 유연하게 통과하는 운전기사의 노련함에 감탄하고, 차창 밖으로 펼쳐지는 호수의 풍경에 '우와 우와' 감동하는, 재미있는 경험을 할 수 있다.

코모 호수의 몇몇 마을엔 푸니쿨라Funicula라고 불리는 케이블가가 설치되어 있다. 높은 산꼭대기에 올라 코모 호수의 전망을 한눈에 담을 수 있으니 잊지 말고 타 보는 것이 좋다. 코모의 브루나테Brunate 산에 있는 푸니쿨라가 아름다운 경치로 유명하다.

우아한 허니문 사진을 찍고 싶다면 일반인들에게 개방된 대저택을 찾아가 보길. 트레메초Tremezzo 마을의 '빌라 카를로타Villa Carlotta'는 정원은 물론 건물 내부까지 누구나 들어가 구경할 수 있다. 밀라노의 한 은행가가 1960년에 지었다는 이 저택은 조경에 특히 힘을 썼던 곳이다. 지금은 박물관 간판을 내걸고 있는 빌라 카를로타는 입구 돌계단부터 꽃으로 장식되어 있고 건물 내부엔 미술작품이 가득하다. 저택 곳곳에선 웨딩사진을 찍는 이탈리아 커플을 심심찮게 발견할 수 있다.

positano

이 탈 리 아 **포지타노**

연인들의 밀월여행처럼
숨어들기 좋은 곳

비현실은 아름답다

　　　　　모든 여행에는 저마다의 이유가 있지만 가장 흔한 것을 꼽으라면 아무래도 '현실을 벗어나고 싶어서'가 아닐까. 아침 9시에 출근해 밤 9시에 퇴근하는 현실, 금요일 저녁마다 꽉 막힌 강남대로에 갇히는 현실, 매일 같은 길을 걷고 같은 사람을 만나고 같은 일을 반복하는 현실, 그런 것들에서 잠시나마 탈출하기 위해 우리는 여행을 떠난다. 허니문이라고 다를까. 각자의 현실을 열심히 살아온 두 사람이, 결혼한 기념으로, 현실과 동떨어진 곳에서 낭만을 만끽하는 여행이 허니문이다.

어쩌면 모든 여행은 각자의 꿈에 그리던 '비현실'을 찾아 나서는 여정일 수도. 이탈리아 남부 해안의 절벽마을 포지타노Positano는 가장 로맨틱한 비현실을 꿈꾸는 커플에게 소개하고 싶은 여행지다. 가파른 암벽의 사면에 '지어졌다'는 표현보다 '얹혀졌다'고 해야 맞

을 것 같은 파스텔빛 집들이 가득한 절벽마을이다. 전망대가 필요 없이 고개만 돌리면 산과 바다와 마을이 어우러진 전망이 시원하게 펼쳐지고, 가장 낮은 곳에는 검은 모래가 깔린 투명한 지중해의 해변이 있고, 아무 레스토랑이나 들어가도 실패하지 않는 맛의 이탈리안 요리와 와인이 있는.

이 모든 것이 로맨틱하게 느껴지는 이유는 역시나 나의 현실이 아니기 때문이다. 내가 이 절벽마을에 살고 있다면 어떻게 매일같이 경사진 계단을 오르내리고, 무거운 짐은 무슨 수로 나르며, 주차는 어디에 해야 할지 도무지 엄두가 나지 않는 일투성이니 말이다. 실제로 포지타노는 19세기 중반에 인구의 절반 이상이 아메리카 대륙으로 이민을 떠나버렸고, 20세기 초반까지 가난한 어부들이 근근이 삶을 이어가던 초라한 마을이었다. 그러던 중 1953년, 미국의 노벨상 수상 소설가 존 스타인벡Jhon Steinbeck이 포지타노를 여행한 뒤「하퍼스 바자Harper's Bazaar」에 기고한 에세이를 통해 '비현실적인 꿈의 휴양지'라고 극찬한 다음부터 수많은 여행객들이 찾아오기 시작했다. 1999년에는 내셔널지오그래픽이 '죽기 전에 가 보아야 할 세계의 명소' 1위로 포지타노를 선정하면서 인기 여행지로 자리를 굳혔다. 오늘날 포지타노는 로맨틱 이탈리아 여행의 대명사다. 브래드피트와 안젤리나 졸리도 포지타노로 밀월여행을 왔다가 파파라치에게 포착되어 공개 연애를 시작하게 되었다니, 할리우드 셀러브리티들도 인정하는 럭셔리 휴양지가 되었단 의미다.

세상 어디에도 없는 야경

포지타노 여행을 고민하고 있다면 2003년 개봉한 영화「투스카니의 태양Under the Tuscan Sun」을 꼭 보아야 한다. 이 영화에 반해 포지타노를 여행했다는 사람이 한둘이 아니다. 미국 샌프란시스코에서 작가로 일하던 여주인공 프란시스가 이혼을 하고 이탈리아 투스카니 지방으로 여행을 떠나면서 시작되는 이야기다. 포지타노는 프란시스가 우연히 만나 뜨겁게 사랑을 나눈 남자, 마르첼로의 집이 있는 마을로 등장한다. 포지타노의 해변을 걷다가 마르첼로는 이런 대사를 한다. "당신은 정말 아름다운 눈을 가졌네요. 그 속에서 헤엄치고 싶어요." 아아, 서울을 배경으로 이렇게 느끼한 말을 했다면 정말 참을 수 없었을 테다. 하지만 포지타노에선 어쩐지 그런 치명적인 느끼함마저도 용서가 된다.

영화에서 마르첼로는 프란시스에게 '리몬첼로Limoncello'라는 포지타노 토종 술을 소개해준다. "레몬을 따서 껍질을 벗긴 다음, 설탕 25%, 알코올 75%로 병을 채워요. 그 병에 레몬껍질을 채워 넣고 노란색이 탈색될 때까지 두는 거죠." 달콤한 맛 25%, 쓴맛 75%라니. 왠지 사랑이나 인생의 맛과 닮은 것 같아 더 로맨틱하게 느껴지는 술이다. 레몬 산지로 유명한 포지타노에서는 리몬첼로 말고도 레몬 슬러시, 레몬 케이크, 레몬 빙수 등 갖가지 레몬 디저트를 맛볼 수 있다. 낮에는 한 손에 레몬 슬러시를 들고 마을을 돌아다니고, 밤에는 리몬첼로의 오묘한 맛에 취해 파도소리를 듣는 것이 포지타노를 즐기는한 가지 방법이다. 작은 스쿠터를 렌트해 지중해의 바람을 온몸으로 느끼며 해안절벽도로를 드라이브하고, 지중해의 감성이 듬뿍 담긴 '포지타노 스타일'의 부티크 패션매장을 구경하고, 알록달록 원색의 그림이 화려하게 그려진 도자기 그릇을 쇼핑하는 재미도빼놓을 수 없다.

우리나라 여행자들은 대부분 로마에서 출발해 소렌토, 포지타노, 아말피 등 아말피 코스트의 여러 마을을 하루 만에 훑는 데이투어를 한다. 하지만 그런 식으론 포지타노의진짜 매력을 영영 만날 수 없다. 포지타노의 하이라이트는 밤이 깊어져야 그 존재를 드러내므로. 캄캄한 어둠 속에서 절벽마을의 집들이 하나 둘 조명을 밝히면 세상 어디에서도 볼 수 없는 포지타노만의 야경이 만들어진다. 레스토랑의 테라스에 앉아 테이블위에 작은 촛불을 켜고 야경을 감상하며 즐기는 저녁식사, 바로 거기에 로맨틱 포지타노 여행의 방점이 있다. 그리고 이때 남자가 여자에게 이렇게 말하는 거다. "당신은 정말 아름다운 눈을 가졌네요. 그 속에서 헤엄치고 싶어요." 장담컨대 이건 포지타노에서만 쓸 수 있는 대사니까. ✿

포지타노에는 실패하지 않는 맛의 노천 레스토랑들이 즐비하다

영화 「투스카나의 태양」, 2003

TIP ── **포지타노 가는 길**

대중교통을 이용할 경우 로마의 테르미니Termini역에서 약 1시간 기차를 타고 나폴리Napoli 가리발디 Garibaldi역
에 내린다. 나폴리에서 사철을 타고 약 1시간을 더 가면 아말피 코스트의 관문도시인 소렌토Sorrento에 도착한다.
소렌토 기차역 앞 시타SITA 버스 정류장에서 포지타노행 버스가 출발한다. 여기서 40~50분을 달리면 포지타노에
도착한다. 다만 이 경우 무거운 짐을 들고 기차와 버스를 여러 번 갈아타야 하는 불편함을 감수해야 한다. 나폴리에
서 포지타노까지 차량 이동 서비스를 제공하는 여행사를 이용하면 좀 더 편하게 갈 수 있다. 다른 방법으로 로마에
서 기차를 타고 살레르노Salerno역까지 간 다음 페리로 갈아타고 뱃길을 이용해 포지타노로 갈 수도 있다. 로마에서
살레르노까지는 약 3시간, 살레르노에서 포지타노까지는 약 70분 소요.

허니문 프로젝트 *15*

malaga

스 페 인 **말라가**

그대와 함께 시에스타를!

그 이름만으로 묘하게 끌리는 나라가 있다. 스페인. 유럽은 보통 '로 맨틱'이나 '클래식' 같은 단어와 어울리기 마련이지만, 스페인은 다르다. '뜨거운 열정'이 나 '즐거운 에너지'라는 단어와 훨씬 더 잘 어울린다. 유럽 허니문을 꿈꾸면서도 하트가 몽글몽글 피어오르는 여행은 왠지 좀 쑥스럽다면, 대신 하루 종일 웃음이 깔깔깔! 몸이 들썩들썩! 하는 여행을 하고 싶다면, 단연 스페인으로 가야 한다.

바르셀로나 가우디 투어나 마드리드 산미겔 시장 먹방 투어도 좋겠지만, 신나고 즐겁고 특별한 허니문을 원하는 커플에게는 스페인 남부 안달루시아 지방의 말라가Malaga를 소 개하고 싶다. 화가 파블로 피카소Pablo Picasso가 태어난 곳이자, '태양의 해변Costa del Sol, 코스 타 델 솔'이라 불리는 지중해의 휴양지. 프리메라리가 축구 구단 '말라가CF'의 홈구장이 있 고, 2,000년이 넘는 문명 역사를 간직한 도시. 예술의 혼, 지중해의 낭만, 스페인 축구 의 열정, 이야기 가득한 문화유산을 한데 모은 종합선물이다.

그중에서도 한 해 600만 명이 넘는 여행자들을 말라가로 끌어들이는 가장 큰 매력은 해 변이다. 겨울에도 야자수가 울창할 정도로 따뜻하고 1년 365일 중 320일 화창한 날씨에 아름다운 코발트빛 지중해가 더해졌으니 '태양의 해변'이라는 타이틀이 아깝지 않다. 말 라가에서 시민들에게 가장 사랑받는 곳은 '말라게타 비치Malagueta Beach'다. 도심에서 가 깝기도 하고, 해변 길이가 1.2km로 규모도 제법 커서다. 말라가 사람들은 여름이면 일 을 하다가도 시에스타Siesta 시간에 맞춰 옷을 갈아입고 해변에 나가 낮잠을 한숨 잔 뒤 다시 업무로 복귀하기도 한단다.

한국에선 상상도 하기 힘든 황홀한 일상, 말라가를 여행하는 동안이라면 가질 수 있다. 매일매일 바다에서 갓 잡아 올린 해산물 요리로 점심을 두둑하게 먹은 다음 비치타월을 돌돌 말아 들고 말라게타 비치로 향하는 거다. 그러곤 말라가 사람만큼 구릿빛 피부가 될 때까지 태양 아래 몸을 맡기고 나른한 시에스타를 즐기는 것이다. 달콤한 샹그리아 의 취기를 빌리면 훨씬 더 좋겠지.

총 160km 길이에 달하는 코스타 델 솔의 120여 개 해수욕장 중에서 여행자들에게 가장 인기 있는 해변은 토레몰리노스Torremolinos에 있다. 말라가에서 서쪽으로 12km, 자동차로 약 30분 거리에 있는 이웃 도시로, 럭셔리 호텔과 레스토랑, 클럽, 부티크숍 등이 잘 갖추어져 있고, 해변마다 선 베드와 파라솔이 빈틈없이 놓여 바캉스 분위기가 연출되는 고급 휴양지다. 여름 성수기엔 세계 각국에서 수많은 인파가 몰려들기 때문에 스페인의 어느 지역보다도 영어가 잘 통한다고.

인간 피카소를 만나다

피카소가 스페인 태생임을 아는 사람은 많겠지만 그 도시가 말라가라는 것을 아는 사람은 많지 않을 테다. 피카소는 말라가에서 태어나 열 살 무렵까지 이곳에 살았다. 피카소의 화려한 작품 세계를 만나려면 바르셀로나 고딕지구의 피카소 미술관에 가야 하겠으나, 인간 피카소를 만나려면 말라가를 찾아야 한다. 피카소가 자신의 입으로 '말라가에서 태어나지 않았다면 입체파를 창조할 수 없었을 것'이라고 말했을 정도로 말라가는 그의 작품 세계에 큰 영향을 주었다. 그의 그림에 사용된 청색도 말라가의 바닷물 색에서 영감을 받은 것이라 한다.

말라가에는 피카소가 살았던 생가와 놀이터 삼아 뛰어 놀던 광장, 그의 부모가 결혼식을 올렸고 그가 세례를 받은 성당이 그대로 남아 있다. 피카소 생가Museo Casa Natal de Picasso는 박물관으로 꾸며져 일반인에게 공개되고 있는데, 그가 어릴 적 사용했던 의자와 책상, 즐겨 읽던 책, 쓰던 물건 등이 전시되어 있다. 특히 어린이 피카소의 사진은 '이 아이가 나중에 커서 수많은 여인들의 마음을 갈기갈기 찢어 놓은 이기적인 예술가가 맞을까' 싶을 정도로 해맑기만 하다. 생가에는 피카소의 아버지가 그린 그림들도 전시되어 있다. 그 그림들을 통해 피카소의 예술적 재능이 아버지로부터 온 것임을 짐작할 수 있다.

말라가 피카소 미술관Museo Picasso Málaga은 1973년 피카소가 세상을 떠난 지 30년 후인 2003년 문을 열었다. 생전에 고향에 자신의 미술관을 세우고 싶어 했던 피카소의 소망을 늦게나마 실현한 장소다. 1540년에 건립된 귀족의 대저택인 '부에나비스타 궁전El Palacio de Buenavista'의 일부를 대대적인 내부 공사를 거쳐 피카소 미술관으로 만들었다.

소장 작품 155점은 대부분 피카소의 유족과 개인 수집가들이 기증한 것이다. 이곳에서는 피카소가 소년 시절에 그린 풋풋한 스케치도 볼 수 있다.

말라가의 뜨거운 열정 속으로

태양처럼 뜨거운 말라가 사람들의 열정을 만나려면 축구장으로 가야 한다. 말라가는 1904년에 창단해 1999/2000 시즌부터 프리메라리가 무대에 진입한 축구단 말라가CF의 연고지다. 그 홈구장인 '라 로살레다La Rosaleda Stadium'에서 경기가 열리는 날엔 근처에만 가도 기가 눌릴 정도로 응원 열기가 뜨겁다. 그러니 말라가 여행 중 말라가CF의 경기가 있다면 꼭 한번 경험해 볼 일이다. 기념으로 말라가CF의 유니폼을 사 입고 서포터들 사이에 섞여 응원가를 따라 부르고, 손에 든 맥주가 쏟아지든 말든 소리를 지르면서 거리를 뛰어다녀도 보는 것이다. 단, 말라가CF가 진다면 너무 즐거워하는 모습을 보이지 말고 조심히 경기장을 빠져 나오길.

여흥은 라리오스Larios 거리에서 풀면 된다. 말라가 최고의 번화가인 이곳은 밤마다 축제라도 여는 듯 자정이 넘도록 신나는 음악이 쿵쾅거리고 레스토랑과 바마다 북적이는 사람들로 발 디딜 틈이 없다. 화려한 크루즈들이 줄지어 정박한 항구에는 갖가지 수공예품과 독특한 패션 아이템을 파는 노점상들이 길게 늘어서고, 다른 한쪽엔 어린이를 위한 작은 놀이공원까지 있다. 라리오스 거리의 이름은 19세기 이 지역의 섬유산업 발전을 주도했던 '마누엘 도밍고 라리오스'라는 사람을 기린 것이라고 한다.

TIP ═══════════════════ **말라가 가는 길**

바르셀로나보다 마드리드 공항에서 가는 편이 가깝다. 마드리드에서 말라가까지 매일 10여 편의 기차가 운행한다. 소요 시간은 2시간 30분 정도. 마드리드에서 출발하는 첫차는 오전 7시, 막차는 오후 8시 30분쯤이다. 비행기로는 약 1시간 10분이 소요된다. 버스도 운행하지만 6시간 정도 걸리므로 기차나 항공을 이용하는 편이 낫다.

늦은 저녁, 말라가 대성당

피카소의 생전 소망이었던 말라가 피카소 박물관

2,000년 내공의 역사

말라가는 유럽 전역에서도 가장 오랜 역사를 지닌 도시 중 하나다. 처음 말라가에 문명이 싹
튼 것은 최소 2,000년 전. 페니키아, 로마, 이슬람, 가톨릭 등 여러 문명과 종교가 말라가에
발을 들였음에도 모두 기존의 문화를 파괴하지 않고 서로 조화를 이루었다. 말라가에는 지금
도 그 역사의 흔적을 생생하게 보여주는 멋진 건축물들이 자리를 지키고 있다.

말라가 최고의 번화가, 라리오스 거리

말라가에 있는 프리메라리가 말라가CF의 홈구장

햇살, 바람, 포트와인에 취해
뜨거운 밤을

달콤함에 취하는 '허니문'

'꿀Honey'과 '달Moon'을 합친 말, '허니문Honeymoon'. 소리 내어 읽기만 해도 입안이 달콤해지는 이 단어는 어디에서 유래한 걸까? 인터넷에 검색해 보았더니 이런 재미있는 사실이 있었다. 중세시대 유럽, 정확히는 북유럽 스칸디나비아 반도 지역에서는 결혼 후 한 달 동안 신혼부부가 외출을 자제하며 벌꿀로 담근 술을 마셨다고 한다. 이유는 단 하나, 건강한 아이를 잉태하기 위해서! 꿀은 남자의 능력(?)을 키우는 효과가 있고, 술은 둘 사이를 더 뜨겁게(!) 만들어 주기 때문이었다고. 한 달Month은 달Moon이 차고 기우는 데 걸리는 시간이었기 때문에, 그 기간을 '허니문'이라 불렀단다.

허니문의 본뜻처럼 달콤함에 취하는 시간을 보내고 싶은 커플에게 추천할 여행지가 있다. 포트와인Port Wine의 성지, 포르투갈 포르투Proto다. 포르투갈 북부에서 대서양으로 흘러드는 도루Douro 강 하구에 자리해 있는 포르투는, 포르투갈 제2의 도시이자 항구도시다. 우리나라로 치면 부산 같은 곳이랄까. 나라 이름인 포르투갈과 도시 이름인 포르투를 헷갈려 하는 사람도 많은데, 실제로 포르투갈이란 국가명이 포르투에서 유래했다.

우선 포트와인에 대해 잠깐 공부해 보자. 포트와인은 영국과 프랑스의 백년전쟁 (1337~1453년)을 계기로 만들어졌다. 프랑스 와인을 수입해 즐겨 마셨던 영국인들은 전쟁으로 인해 프랑스와의 무역이 단절되자 포르투로 이주해 직접 자국으로 수출할 와인을 빚기 시작했다. 하지만 와인을 배로 영국까지 수송하는 데 한 달이나 걸렸기 때문에 중간에 와인이 변질되는 문제에 봉착했다. 궁리 끝에 찾은 해결책은 와인에 브랜디 (과일주를 증류한 술)를 첨가하는 것. 알코올 함량이 높은 브랜디를 섞으니 와인의 발효가 멈춰 쉽게 변질되지 않았고 당분은 그대로 잔류했다. 달콤하면서도(잔당 8~11%) 알코올 도수가 높은(18~20%) 포트와인은 그렇게 탄생했다.

포트와인의 진수를 경험하기 위해 포르투를 찾았다면 와이너리 밀집 지역인 '빌라 노바 드 가이아Vila Nova de Gaia'와 포도 산지인 '도루 밸리Douro Valley', 이 두 곳을 찾아가야 한다. 보통의 와인은 와이너리에서 포도 재배부터 와인 양조·숙성·저장까지 모두 이뤄지지만, 포트와인은 다르다. 먼저 도루 밸리의 포도 농가들이 재배한 포도로 포트와인을 양조해 1차 숙성을 하면, 빌라 노바 드 가이아의 와이너리들은 그 와인을 가져와 본격적인 블렌딩 · 숙성 단계를 거쳐 완성시킨다.

도루 강변에 자리한 빌라 노바 드 가이아는 포트와인이 생겨난 17세기부터 도루 밸리에서 생산된 와인을 배로 수송해 와 저장하는 역할을 해 왔다. 지금 이곳에는 샌드맨 Sandeman, 그라함Graham's, 테일러Taylor's 등 세계적인 와인 메이커의 와이너리들이 즐비하다. 와이너리 한 곳당 5~10유로면 와인 저장고를 둘러보고 2~3종류의 포트와인을 시음해 보는 투어를 할 수 있다.

포트와인의 태생이 궁금하다면 도루 강 중상류의 도루 밸리를 가보길. 구불구불한 강의 양옆으로 솟은 산비탈에 온통 계단식 포도밭이 조성된 지역으로, 유네스코 세계문화유산에 등재된 세계적인 포도 산지다. 강변부터 500m 높이까지 수백 가지 미기후Micro Climate가 형성되기 때문에 아주 다양한 포도 품종이 자란다. 좁고 가파른 포도밭에는 농기계가 들어갈 수 없어서 지금도 사람의 손으로 가지를 치고 포도를 수확하는 전통을 유지하고 있다.

도루 밸리에서 포도밭을 일구며 와인을 양조하는 전통 농가들을 '킨타Quinta'라고 부른다. 레스토랑을 갖춘 킨타에서는 그곳에서 만든 와인과 함께 포르투 전통 음식을 즐길 수 있다. 또 일일 와인 제조자 체험 프로그램을 통해 와인 블렌딩 수업을 받고 자신만의 맞춤 와인을 만들어 볼 수도 있다니 한 곳쯤 꼭 방문해 보기를. 기왕이면 포도 수확철인 9월 중순에 찾아가면 더 좋겠다. 흥겨운 아코디언 연주에 맞추어 노래를 부르며 맨발로 포도를 으깨는 일꾼들을 볼 수 있다고 하니까. 그 노랫소리를 배경으로 달콤한 포트와인을 마시며 벤저민 프랭클린Benjamin Franklin의 말을 떠올려 보는 것이다. '좋은 술이 없는 곳에 좋은 삶이란 없다There cannot be good living where there is no good drinking'고.

소소함이 행복이 되는 장소들

그러나 포트와인이 포르투 여행의 전부라고 생각한다면 큰 오해다. 포르투에는 포트와인을 마시지 않는 시간에도 달달한 분위기에 취하게 해 주는 로맨틱한 장소가 빼곡하니까. 그중 제일은 '강변'이라는 뜻의 '히베이라Ribeira' 지구. 이름 그대로 도루 강변을 따라 알록달록한 주택들과 아름다운 노천카페들이 줄지어 있는 거리다. 자고로 이런 거리는 사랑하는 사람과 함께 걸어야 하는 법. 초콜릿 맛, 딸기 맛 아이스크림을 하나씩 사서 한 입씩 나누어 먹으며 강변을 걷고, 노점상들을 누비며 서로에게 어울리는 싸고 예쁜 소품을 고르는 것만으로도 행복해질 수 있다. 도루 강 유람선 타기도 빠뜨릴 수 없다. 17세기 포트와인을 실어 나르던 라벨로Rabelo 모양의 배를 타고 1시간 동안 포르투의 햇살과 바람을 마음껏 느껴 보는 것이다.

히베이라 지구에 어둠이 내려앉고 도루 강을 가로지르는 '루이스 1세 다리Ponte LuisⅠ'가 금빛 조명을 밝히면 또 다른 아름다움이 드러난다. 파리의 에펠탑을 건축한 구스타브 에펠Gustav Eiffel의 제자 테오필 세이리그Teophile Seyrig가 설계한 루이스 1세 다리는 척 봐도 에펠탑의 아랫부분을 닮았다. 달빛을 반영한 강물과 함께 반짝이는 아치형 다리는 파리로 순간이동을 한 기분마저 선물한다.

낭만에 충분히 젖었다면 그 기분 그대로 나이트라이프를 즐기러 가 보길. 포르투의 밤을 가장 흥겹게 보낼 수 있는 곳은 '갤러리아 데 파리 대로Rue da Galeria de Paris'다. 외딴 도시의 낯선 인파로 북적이는 밤거리, 재즈가 흐르는 바에 마주보고 앉아 오롯이 서로에게만 집중하는 시간을 가져 보면 어떨까. 지금 이 순간, 이 세상에서, 서로를 알아보는 사람은 서로뿐이라는 사실을 온몸으로 느끼면서 말이다.

다음으로 가 볼 곳은 '해리포터 서점'이라고 불리는 '렐루 서점Livraria Lello'이다. 작가 조앤 K. 롤링은 포르투에서 영어강사로 일을 하며 『해리 포터』의 집필을 시작했는데, 그때 그녀에게 큰 영감을 준 장소다. 100년이 넘는 역사에도 우아함을 잃지 않은 인테리어와 부드러운 곡선의 나선형 계단, 빨간 카펫과 무수히 많은 책이 꽂힌 책장은 해리 포터 마법학교의 도서관을 그대로 현실에 옮겨온 것 같은 모습이다. 렐루 서점은 고서적부터 현대 서적까지 12만 권이 넘는 훌륭한 책 컬렉션으로도 유명한데, 거의 다 포르투갈어 원서라는 점이 안타깝다.

조앤 K. 롤링의 흔적을 더 만나고 싶다면 '산타 카타리나 대로Rue de Santa Catarina'에 있는 '마제스틱 카페Majestic Cafe'를 방문해 커피를 한 잔 맛보길 권한다. 조앤 K. 롤링이 『해리 포터』의 첫 시리즈를 집필했던 카페다. 1921년 오픈 이후 예술과 문화가 번창했던 '벨 에 포크Belle Epoque' 시대의 많은 예술가들이 사랑했던 곳이기도 하다. 포르투에서 가장 예쁜 카페로 이름 나 있고, 트래블웹진 「유시티가이즈Ucityguides」가 선정한 세계에서 가장 아름 다운 카페 6위에 오르기도 했다.

길이 1.5km에 이르는 산타 카타리나 대로에는 마제스틱 카페 말고도 맛집과 상점이 그 득그득하다. 대로의 끝까지 올라가면 포르투 전통음식인 프란세지냐Francesinha를 포르투 에서 가장 맛있게 한다는 식당 중 한 곳인 뷔페트 파즈Bufete Fase도 있다. 프란세지냐는 '작은 프랑스 소녀'라는 뜻으로, 토스트 사이에 소시지, 햄, 고기 패티 등을 층층이 쌓은 다음 치즈를 듬뿍 얹고 상큼한 소스를 부어 먹는 포르투식 샌드위치다. 그 위에 달걀프 라이를 올리고 감자튀김까지 곁들여 먹는, 맛이 없기가 더 힘들 것 같은 재료 구성의 '칼 로리 폭탄' 음식이다. 기왕 먹기로 한 거, 눈 딱 감고 포르투갈 맥주 슈퍼복Super Bock까지 곁들여 보길! 행복은 멀리 있지 않다.

TIP ──────────────────────────── 포르투 가는 길

파리, 프랑크푸르트 등 유럽의 주요 환승도시를 1회 경유해 포르투로 가는 방 법이 있다. 또는 스페인 마드리드, 바르셀로나 직항편을 이용한 다음 저가항공 연결편을 이용해 포르투까지 갈 수도 있다. 포르투갈 리스보아에서 출발할 경 우 포르투까지 기차로 약 3시간, 버스로 약 3시간 30분이 소요된다.

포트와인의 종류

포트와인은 일반 와인과 달리 숙성 중간에 알코올(브랜디)을 첨가하기 때문에 포도 자체의 품질보다 블렌딩 기술과 숙성이 더 중요하다. 보통은 발효가 시작된 지 1~2일 후에 브랜디를 섞고, 그것을 2~3년 통에서 숙성한 다음 병에 옮겨 담는다.

포트와인은 크게 3종류로 나뉜다. ①루비포트Ruby Porto(청포도로 만든 것은 '화이트포트'라 부름)는 가장 일반적인 포트와인으로, 약 2년 동안 통 숙성을 한 것이다. 과일향이 풍부하고 가격도 그리 비싸지 않다. ②토니포트Tawny Porto는 최소 10년에서 40년까지 장기간 동안 통 숙성시킨 고급 포트와인이다. 먼저 참나무통에서 2~3년 동안 숙성한 레드와인을 소형 나무통에서 옮겨서 다시 10~40년 숙성해 만든다. 장기 숙성으로 인해 부드러워지고, 복잡미묘한 향이 매력적이다. 디저트와인으로 사랑받는다. ③빈티지 포트Vintage Porto는 최고 품질의 포도가 수확된 해에 국립포트와인연구소에서 빈티지의 해라고 공식 인가해야만 생산할 수 있는 포트와인이다. 최고 품질의 포도 중에서도 가장 좋은 열매만 골라 사용해 만든다. 빈티지 호칭을 쓸 수 있는 해는 10년에 고작 서너 번 정도여서 매우 귀하다. 빈티지 포트는 필터링을 하지 않고 검은 병에 담는 것이 특징이다. 찌꺼기가 와인 속에 남아 있으므로 이를 거르기 위한 디캔팅을 하고 마셔야 한다.

조엔 K. 롤링이 『해리 포터』
첫 시리즈를 집필한
마제스틱 카페

빌라 노바 드 가이아의 와이너리

유네스코에 등재된 포도 산지, 도루 밸리

sintra

포 르 투 갈 **신트라**

세상의 끝에서 갖는
둘만의 작은 의식

달을 닮은 도시로

어느 겨울날 저녁, 서울 합정동 한 식당에서 밥을 먹고 있는데 어린 두 자녀를 동반한 부부가 들어왔다. 겉보기엔 단란하고 화목한 가족 같았다. 부인은 자리에 앉자마자 "당신 뭐 먹을래? 떡만둣국 먹을래?"라고 남편에게 물었다. 남편이 "밥 생각이 별로 없어서 라면 먹고 싶네"라고 했더니 부인이 하는 말. "지금 제정신이야?" 남편은 한숨을 쉬었다. 아이들은 그런 상황이 익숙하다는 듯 신경도 쓰지 않았다. 조금 뒤 메뉴판을 한참 들여다보던 남편이 "김밥이나 한 줄 먹겠다"고 했다. 그러자 부인은 "떡만둣국은 왜 싫어?"라고 했다. 결국 남편은 꾸역꾸역 떡만둣국을 먹었다.

그 모습을 보는데 여러 가지 생각이 들었다. 남편이 좀 든든하게 먹었으면 하는 마음을 저렇게밖에 표현하지 못하는 부인과, 그런 부인을 체념한 듯한 남편, 그 상황을 일상적으로 받아들이는 아이들이 안타까웠다. 저 부부도 대화 한 마디 한 마디에 사랑을 담았던 시간이 있었을 텐데. 익숙함에 젖으면 다들 저렇게 표현에 서툴러지는 걸까? 나도 언젠가 결혼을 하고 시간이 흐르면 저 부부처럼 사랑에 무뎌지게 될까? 그런 두려운 마음도 들었다.

세상에 변하지 않는 건 없다지만, 변하지 않도록 끊임없이 노력해야 하는 것들도 틀림없이 존재한다. 사랑, 배려, 감사의 마음 같은 것들. 그런 마음들이 변치 않기를 누구보다도 바라는 커플에게, 포르투갈 신트라Sintra로의 여행을 권한다.

신트라는 '달Moon의 도시'라는 뜻을 갖고 있다. 켈트 신화Celtic Mythology에서 달을 상징하는 단어인 'Cynthia'가 그 어원이다. 그런데 혹 이 사실을 알고 있는지? 달은 쉬지 않고 자전과 공전을 하고 있지만, 우리가 지구에서 보는 달은 항상 같은 면이다. 그 이유를 과학자들은 '달의 자전주기와 공전주기가 같아서'라고 설명한다. 달이 지구를 한 바퀴 도는 사이에 스스로도 늘 같은 면이 지구를 향하도록 몸을 조금씩 돌리기 때문이라는 말이다. 인공위성으로 찍었다는 달의 뒷면 사진을 찾아보았다. 영롱한 앞면과 달리 움푹움푹 파인 상처가 수없이 많아 보기 흉하다. 어쩌면 달은, 지구에게 항상 아름다운 면을 보여주기 위해 끊임없이 돌고 또 도는 것이 아닐까 하는 생각이 들었다. 그런 달을 닮은 도시 신트라는 서로에게 사랑을 보여주기 위해 끊임없이 노력하고 싶은 커플에게 가장 어울리는 여행지다.

낭만이라는 이름의 궁전

영국을 대표하는 낭만파 시인 바이런George Gordon Byron은 그의 장편 서사시 「차일드 해럴드의 순례Childe Harold's Pilgrimage」에서 신트라를 '눈부시게 아름다운 에덴Glorious Eden'이라고 극찬했다. 그가 1808년부터 1811년까지 3년 동안 이탈리아, 그리스, 포르투갈 등을 여행한 뒤 발표한 이 시는 바이런을 일약 유명 시인으로 만들어 주었다. 신트라는 대서양에서 강하게 불어오는 바닷바람과 3,000여 종이 넘는 울창한 나무 덕에 언제나 인근 도시 리스본Lisbon보다 기온이 3~4℃ 낮고, 한여름에도 크게 덥지 않다. 그런 기후 덕에 옛 포르투갈의 왕과 귀족들이 앞다투어 신트라에 아름다운 여름 별궁과 별장을 지었고, 유럽 낭만주의 건축물의 중심지 중 하나가 되었다. 신트라는 오늘날에도 바이런이 다녀갔던 당시에 시간이 멈춘 듯한 궁전과 정원으로 가득하다. 1995년에는 도시 전체가 유네스코 세계문화유산으로 지정됐다.

그중에서도 가장 로맨틱한 건축물은 페르난두 2세가 아내를 위해 지은 '페나 궁전Parque e Palacio Nacional da Pena'이다. 동화 속 물감으로 칠한 듯 예쁜 빨강 · 노랑 벽과 슈퍼마리오 게임에 등장하는 성을 닮은 아기자기한 모양, 아랍풍의 불규칙한 타일 장식들이 묘한 조화를 이루고 있다. 언덕 꼭대기에 자리한 궁전 아래로 펼쳐진 수천 년 수령의 고목이 울창한 숲, 빛바랜 중세 거리와 대비되어 그림 같은 풍경을 만든다. 오랫동안 왕실의 여름 별궁으로 이용됐던 궁전의 내부에는 포르투갈 왕실의 화려한 생활 문화가 그대로 남아 있다. 72개의 초를 밝혔던 샹들리에가 달린 무도회장, 값비싼 가구와 그릇들이 진열된 방들, 페르난두 왕과 왕비의 침실 등을 볼 수 있다.

신트라에는 동화 「이상한 나라의 앨리스」에서 튀어나온 듯한 신비의 정원도 있다. 예술에 조예가 깊었던 19세기 백만장자 카르발료 몬테리루Carvalho Monteiro가 지은 '헤갈레이라의 별장Quinta da Regaleira'이다. 그는 당대 최고의 포르투갈 건축가와 조각가 6명을 섭외해

페나 궁전

헤갈레이라의 별장

신트라 왕궁 까치의 방

별장을 짓게 하고, 이탈리아 무대 디자이너이자 화가이자 건축가인 루이지 마니니Luigi Manini에게 정원을 맡겼다. 별장에서 벽처럼 보이는 돌문을 밀면 다른 공간으로 연결되고, 정원 곳곳의 동굴에는 전혀 예상치 못한 공간으로 이어지는 통로들이 있다. 구석구석 거니는 것만으로도 재미있는 상상력의 공간이다.

포르투갈 유일의 중세 왕궁인 '신트라 왕궁Placio de Nacional de Sintra'에는 천장에 176마리의 까치가 그려진 '까치의 방Sala dos Cines'이 있다. 하녀와 키스를 하다 여왕에게 딱 걸린 주앙 1세가 결백을 주장하며 왕궁의 하녀 수만큼 까치를 그리게 한 것이라는 이야기가 웃기면서도 당황스럽다. 까치 부리에는 '존경하는'이라는 글귀를, 발에는 필리파 여왕의 상징인 장미를 그려 화를 달랬다고 한다. 그 밖에도 8~9세기 신트라의 주인이었던 무어인들이 지은 '무어 성Castelo dos Mouros'은 신트라의 가장 먼진 풍경을 선물한다. 성벽을 따라 걷다 보면 페나 궁전과 신트라 왕궁을 포함한 신트라의 스카이라인이 한눈에 담긴다.

세상의 끝에서 꼭 잡아주기

신트라에서 자동차를 타고 서쪽으로 30분을 달리면 '세상의 끝'이라고 믿어졌던 호카 곶Cabo da Roca에 닿는다. 동부 시베리아에서부터 시작된 모든 것들이 대서양을 만나 멈추는, 유라시아 대륙의 최서단이다. 신대륙을 발견하기 전까지 유럽인들은 이곳을 세상의 끝이라고 생각했다. 그 앞 바다로 배를 타고 나아가다간 언젠가 낭떠러지를 만나 떨어질 것이라 믿었다.

대서양의 거친 파도와 강한 바닷바람이 쉼 없이 몰아치는 높은 절벽, 오래된 등대, 퇴색된 하얀 십자가 아래 '여기에서 대륙은 끝나고 바다가 시작된다Aqui, onde a terra se acaba e o mar começa'는 포르투갈 대문호 카몽이스Luis de Camoes의 시 한 구절이 새겨진 기념비. 그것이 호카 곶의 전부다. 그럼에도 수많은 사람들이 이곳을 찾아오는 이유는 세상의 끝에 선 기분을 가늠해 보기 위함이리라. 그 옛날 유럽인들은 진짜 세상의 끝이라 믿었던 이 절벽 앞에 서서 어떤 생각들을 했을까.

앞으로 새로운 인생을 함께 만들어 갈 사람과 호카 곶을 찾았다면, 둘만의 작은 의식을 가져보기를 바란다. 마음속에 있는 모든 걱정과 불안을 꺼내 대서양에 다 던져 버리고, 새로운 시작을 다짐하는 것이다. 대서양의 세찬 바람이 불면 서로를 꼭 붙잡아 주자. 인생에서 아무리 세찬 바람이 불고 세상이 끝날 것 같은 위기를 만나더라도 지금처럼 서로 쓰러지지 않도록 꼭 붙잡아 주기로 약속하자. 오랜 세월 호카 곶을 찾아왔던 수많은 사람들의 맹세와 소망이 모여 그 약속이 지켜질 수 있도록 힘을 줄 테니.

TIP ════════════════════════════ **신트라 가는 길**

포르투갈의 수도 리스본에서 기차로 약 40분이 소요된다. 자동차로는 약 30분이 걸린다. 신트라 내에서는 자유롭게 타고 내릴 수 있는 순환버스Hop on & off bus를 이용하면 편리하다. 1일 이용권을 구입하면 페나 궁전, 무어 성, 헤갈레이라의 별장, 신트라 왕궁 등 모든 관광지를 가는 버스를 이용할 수 있고, 신트라에서 호카 곶을 오가는 버스까지 탑승 가능하다. 가격은 12유로.

'세상의 끝'이라고 믿어졌던 호카 곶

바이런의 '그랜드 투어'

시인 바이런이 3년 동안 했던 유럽여행은 17세기부터 19세기까지 영국 상류층에서 유행한 '그랜드 투어'였다. 당시 영국은 해상권을 장악하고 식민지를 확대해 나날이 부강해졌지만, 문화적으로는 프랑스와 이탈리아에 뒤처졌다는 열등감이 강했다. 그래서 영국 상류층 부모들은 여행을 통해 다른 유럽 국가들의 문화와 역사를 공부하고 오라고 자식들을 내보냈다. 프랑스에서 에티켓을 배우고 이탈리아에서 고대 로마와 르네상스 역사를 공부하는 것이 기본 코스였다고 한다. 2~3년간의 그랜드 투어를 마치고 귀국한 영국인들은 다양한 저서를 남겼다. 바이런의 「차일드 해럴드의 순례」도 그중 하나다. 한편 가난한 지식인들은 가정교사 자격으로 그랜드 투어에 끼어 가 견문을 넓혔는데, 「국부론」을 쓴 애덤 스미스, 「리바이어던」의 토머스 홉스가 대표적이다. 2014년 개봉한 영국 영화 「트립 투 이탈리아The Trip to Italy」는 바이런이 했던 그랜드 투어 여정을 따라 이탈리아를 여행하는 두 남자의 이야기다.

appenzell

스위스 **아펜첼**

동화마을의
이데아가 존재한다면

가장 스위스다운 스위스

　　대학 시절 철학수업에서 이런 걸 배웠다. 그리스의 철학자 플라톤은 세상에 존재하는 모든 것에 '이데아Idea'가 있다고 했다. 이데아는 '유일한 본질'이다. 정신·영혼의 세계에 존재한다. 이를테면 이 세상에 아름다운 것들은 아주 많지만 '아름다움'이란 가치의 본질에 완벽히 일치하는 이데아는 하나뿐이라는 것이다. 뜬금없이 머리 아픈 플라톤 철학 이야기를 꺼내게 된 것은 스위스 동북부에 자리한 소도시 아펜첼Appenzell 때문이다. 만약 21세기에 동화마을의 이데아라는 것이 존재한다면 아펜첼과 비슷한 모습이지 않을까 생각했다. 전통복장을 입은 사람들이 광장에 모여 손을 들어 투표를 하고, 허브가 지천인 초원에서 행복한 소 떼들이 풀을 뜯고, 보름달이 뜨는 밤에만 빚어내는 '보름달 맥주'가 있고, 집집마다 알록달록한 그림을 그려놓은.

아펜첼은 '가장 스위스다운 스위스'라고 불리는 마을이기도 하다. 스위스의 전통 생활양식이 가장 잘 보존되어 있어서다. 우리나라로 치면 안동 하회마을 같은 곳이랄까. 하지만 어쩐지 전통을 지키는 일에 힘을 잔뜩 준 듯한 하회마을과 달리, 아펜첼 사람들은 물 흐르듯 자연스럽게 전통 속에서 살아간다.

그런 아펜첼의 매력을 가장 잘 확인할 수 있는 날은 매년 4월의 마지막 일요일. '란츠게마인데Landsgemeinde'라는 직접투표 행사가 열리는 날이다. 그날이 오면 만 18세 이상 주민들이 한 광장에 모여 마을의 중요한 안건에 대해 손을 들어 투표한다. 오른손을 든 사람이 과반을 넘으면 안건이 통과되는 방식이다. 투표 전에는 의견이 있는 개인이 이야기할 수 있는 시간도 주어지고, 손을 든 사람이 과반을 넘는지가 한눈에 파악되지 않을 때 일일이 세어 안건의 통과 여부를 결정한다. 남자들의 경우 집안 대대로 전해 내려오는 전통 칼을 허리춤에 차는 것만으로 투표장에 입장할 수 있다. 21세기에 실제로 벌어지고 있는 일이라기엔 너무도 정겨운 이 투표행사를 보기 위해 많은 여행자들이 4월에 아펜첼을 찾는다고 한다.

'우르내쉬Urnaesch' 소몰이 축제가 열리는 9월 중순도 좋다. 여름내 알프스의 목초를 찾아다니며 소들을 포동포동 살찌운 목동들이 마을로 돌아온다. 전통 복장을 차려입은 목동들이 목에 큰 방울을 단 수백 마리 소 떼를 몰고 구성진 요들송을 부르며 산을 내려온다. 보여주기 식 축제가 아니다. 실제로 아펜첼의 가장 큰 재산이나 다름없는 소들의 귀환을 환영하는, 아주 중요한 마을 행사다. 그 소들이 만드는 우유와 치즈가 마을을 먹여 살린다.

시각적으로도 아펜첼은 동화의 한 장면이다. 스위스에서 가장 전통적인 마을이라지만 마을의 분위기는 '고풍스러움'보단 '앙증맞음'에 가깝다. 노란색 창틀, 초록색 지붕, 빨간색 대문 등 저마다 원색 페인트로 말끔히 칠한 집들엔 꽃, 동물, 알프스 소녀 등 귀여운 벽화까지 그려 넣었다. 봉긋봉긋 동그랗게 솟은 초록 언덕과 졸졸졸 흐르는 시냇물까지 요소요소가 합심이라도 한 듯 동화 같은 장면을 만든다.

그러니까 아펜첼은 오늘날 동화마을을 동경하는 사람들이 자석을 만난 철가루처럼 끌려가는 곳이다. 만약 당신에게 '사랑하는 사람과 유럽의 동화마을을 여행하고 싶다'는 로망이 있다면, 고민할 것 없이 아펜첼을 선택하면 된다. 그곳에 동화마을의 이데아가 현실이 되어 당신을 기다리고 있을 것이니.

고소한 냄새 솔솔, 맛있는 아펜첼

이것은 공식과 같다. 이탈리아=피자, 영국=피시앤칩스, 독일=소시지, 그리스=올리브, 그리고 스위스=치즈. 치즈로 유명한 스위스에서 최고로 평가받는 3대 명품 치즈가 있는데, 그뤼에르Gruyere와 에멘탈러Emmentaler 그리고 아펜첼에서 생산되는 아펜첼러Appenzeller다. 아펜첼러는 신선한 허브가 가득한 알프슈타인Alpstein 산맥 기슭의 초원에서 행복하게 자란 소들의 생유로 만든다. 700년 전통을 갖고 있는 치즈로 지금도 전통 생산방식을 보존하고 있다. 한국에서 치즈로 가장 알려진 임실도 '아시아의 아펜첼'을 꿈꾼다고 하니, 그 유명세를 알 만하다.

그러니 아펜첼 여행에서 치즈공방 탐방은 필수코스다. 아펜첼러가 어떤 과정을 거쳐 만들어지는지 직접 본 뒤에 먹어 보는 치즈는 왠지 더 깊은 맛이 날 것 같다. 아펜첼의 치즈 가게 점원들은 다양한 치즈별 특징과 만들어지는 방식에 대해 친절하고 자세하게 설

명해 준다. 시식해 보고 가장 마음에 드는 치즈를 골라 저녁 와인에 곁들이면 마음이 꽉
차는 것처럼 행복하겠지.

아펜첼엔 치즈 말고도 맛있는 안줏거리가 많다. '모슈트브뢰클리Mostbrockli'는 최상급 쇠
고기 안심을 여러 가지 향신료에 절여 훈연한 뒤 얇게 저민 요리로, 쉽게 말하면 스위스
식 육포라고 할 수 있다. 아펜첼 지역맥주와 환상의 궁합을 자랑하는 안주로는 '지드부
어스트Siedwurst'가 있다. 삶은 흰 소시지 요리로 보드라운 식감이 일품이다.

맥주는 물맛이 반이라는데, 아펜첼 지역맥주는 알프슈타인 산맥에서 자연 정수된 샘물
로 만든다. 물맛이 너무 좋으니 맛없는 맥주를 만드는 게 더 힘들 것 같기도 하지만, 전
통 마을답게 맥주 역시 장인정신을 깃들여 전통 방식으로 양조하고 있다. 가장 이름난
맥주는 '보름달'이란 뜻의 '볼몬트Vollmond'다. 이름처럼 보름달이 뜨는 밤에만 양조하는
맥주라는 이야기가 재밌다. 보름달과 맥주 맛에 어떤 상관관계가 있기라도 한 걸까? 과
일향이 많이 나는 라거인 '쿠월프리쉬Quollfrisch'도 인기 있는 아펜첼 지역맥주다.

너무 많이 먹어 소화가 안 된다 싶으면 '알펜비터Alpenbitter'를 마시면 된다. 알펜비터는
아펜첼 사람들이 1902년부터 100년 넘게 즐겨 마셔 온 전통 약주다. 40여 가지 허브를
포함해 100% 천연 재료로만 만드는데, 소화에 효능이 있다고. 한국 사람들이 매실차를
마시고 일본 사람들이 우메보시를 먹을 때 아펜첼 사람들은 알펜비터를 찾는 셈이다.

TIP ══════════════════════════════════ **아펜첼 가는 길**

취리히에서 기차로 2시간 30분 또는 생갈렌St.Gallen에서 기차로 40분 걸린
다. 가는 길에 창밖으로 보이는 풍경이 그림 같아서 이동 시간도 또 하나의 여
행이 된다. 스위스 관광청이 스위스 최고의 풍경을 묶어 만든 '스위스 그랜드투
어Grand Tour' 코스를 따라 자동차 여행을 해도 좋다. 아펜첼은 마을 끝에서 끝
까지 걷는 데 30분이면 충분할 정도로 작지만, 아기자기한 볼거리가 많아 쉽게
지루해지지 않는다.

알록달록한 벽화를 그려 넣은 아펜첼의 집들은 보기만 해도 즐거워진다

아펜첼의 생마우리티우스St. Mauritius 교회에서는 다양한 문화행사가 열린다

믿기 힘든 절경을 마주하는 곳, 에셔 산장

아펜첼 인근 에벤알프Ebenalp 산에 '빌드키르힐리 에셔Wildkirchli Aescher' 라는 산장이 있다. 해발 1,450m 위, 가파른 절벽에 절묘하게 자리를 잡은 이 산장은 죽기 전에 꼭 한번 보아야 하는 절경으로 꼽힌다. 산장에 딸린 레스토 랑에서는 푸른 숲과 청정 호수를 감상하며 식사를 할 수 있다. 아펜첼에서 에 벤알프와 가장 가까운 역인 바서라우엔Wasserauen까지 기차로 40분이 걸 리고, 바서라우엔에서 케이블카를 타고 언덕 위에 올라 15분 정도 걸으면 산 장에 도착할 수 있다. 산장은 5월부터 10월까지만 문을 연다. 에벤알프는 아 름다운 트레킹 코스로도 유명하다.

dingle

아 일 랜 드 **딩글**

아이리시 뮤직,
그리고 맥주만으로
완벽한 여행

둔 앵거스

낭만적인 술쟁이들의 마을

영화에 대한 개인적인 신념이 있다. 아일랜드가 배경으로 나오는 영화는 무조건 아름답다. 「P.S. 아이러브유」가 그렇고, 「원스Once」가 그렇고, 「프로포즈 데이Leap Year」가 그렇다. 영화가 아름다운 아일랜드의 풍경 덕을 보는 건지, 아일랜드가 아름다운 스토리의 덕을 보는 건지는 잘 모르겠다. 아니 그런 걸 논하는 것 자체가 의미 없을 정도로, 풍경과 스토리가 완벽하게 하나로 어우러져 있다. 아일랜드가 나오는 영화를 다시 볼 때마다 '하루 빨리 아일랜드에 가 봐야 하는데'라는 생각에 마음이 막 조급해진다.

「원스」는 아일랜드의 수도인 더블린에서, 「P.S. 아이러브유」는 위클로 국립공원에서 촬영되었다. 그리고 「프로포즈 데이」에는 딩글Dingle이라는 재밌는 이름의 시골마을이 등장한다. 안타깝게도 「프로포즈 데이」는 한국에서 흥행에 실패(나는 그 이유가 순전히 영화의 매력을 전혀 보여주지 못하는 한국어 제목과 포스터 때문이라고 생각한다)했지만, 이 영화야말로 나의 '아일랜드앓이'를 걷잡을 수 없이 심각하게 만든 주범이다.

잠깐 영화 내용을 짚으면 아일랜드에는 4년에 한 번 찾아오는 2월 29일, 여자가 남자에게 청혼을 하면 무조건 승낙해야 하는 '리프 이어Leap Year'라는 풍습이 있다. 4년 사귄 남자친구의 프로포즈를 기다리다 지친 여주인공 애나는 리프 이어에 아일랜드로 출장을 떠난 남자친구에게 청혼하기 위해 비행기를 탄다. 하지만 갑작스러운 기상악화로 남자친구가 있는 더블린에서 한참 떨어진 딩글에 도착하게 된다. 그리고 그곳에서 펍 겸 B&B 겸 택시회사(라고하기엔 낡은 자동차 하나뿐이다)를 운영한다는 딩글 토박이 남자 데클렌을 만난다. 마땅한 교통수단을 구할 수 없었던 애나는 그의 낡은 차를 택시 삼아 더블린까지 가기로 한다. 그렇게 시작한 여행길에서 투닥투닥 온갖 우여곡절을 겪으며 '진짜 사랑'을 깨닫게 되는 귀여운 로맨스 이야기다.

사실 정확히 말하면 「프로포즈 데이」의 대부분은 딩글에서 촬영되지 않았다고 한다. 영화에는 딩글의 해변이 잠깐 등장할 뿐 주요 명장면들은 모두 딩글 인근의 다른 도시와 섬에서 촬영되었다. 그럼에도 이 영화는 딩글 사람들의 진정한 매력을 보여준다는 점에서 딩글을 배경으로 한 영화가 맞다.

딩글은 아일랜드 남서부 케리Kerry 주의 서쪽 끝자락에 위치한 인구 1,800명의 항구마을이다. 걸어서 30분이면 전체를 다 둘러볼 수 있을 정도로 작아 시내버스도 다니지 않는다. 이 작은 마을에 무려 50개가 넘는 펍이 있다. 어디를 가나 술 좋아하고 정 많은 아일랜드 사람들이 가득하고, 흥겨운 아이리시 뮤직 라이브 공연을 하루 종일 들을 수 있는 곳이다. 한마디로 '낭만적인 술쟁이'들이 모여 사는 마을인 것이다.

딩글의 50여 개 펍은 하나하나 각기 다른 분위기와 색깔을 갖고 있어 그곳들을 순회하는 것만으로도 재미있다. 그중 딕맥스Dick Mack's는 100년이 넘는 역사를 가진 펍으로, 가수 데미안 라이스Damien Rice의 옛 여자친구인 아일랜드 뮤지션 리사 해니건Lisa Hannigan이 뮤직비디오를 찍은 장소이기도 하다.

딩글로 허니문을 간다면 대낮부터 '슬론챠!Sláinte, 아일랜드 말로 건배라는 뜻'를 외치며 맥주와 아이리시 음악에 취하는 경험을 해 보길 권한다. 그러다 옆자리의 누군가가 말을 걸어오면 오랜 친구 사이인 양 도란도란 이야기를 나눠 보기를. 아마 하루도 안 되어 '한국에서 신혼부부가 허니문을 왔다더라'고 온 동네에 소문이 날지도 모른다. 딩글은 그 정도로 작고 정겹고 흥겨운 곳이니까.

아일랜드 최고의 절경 선물세트

딩글에서 원 없이 '슬론챠!'를 외쳤다면 그다음은 영화처럼 아름다운 풍경을 만나러 갈 차례다. 딩글 주변엔 아일랜드에서 손꼽히는 빼어난 절경들이 산재해 있다. 그 첫 번째는 '링오브케리Ring of Kerry'다. 딩글 반도Dingle Peninsula가 속한 케리 주를 한 바퀴 도는 순환도로인데, 아일랜드 서쪽 해안에서 최고로 아름답다고 알려진 드라이브코스다. 링오브케리는 보통 케리 주에서 가장 큰 도시인 킬라니Killarney에서 출발해 다시 킬라니로 돌아오는 코스로 여행한다. 멈추지 않고 한 바퀴를 돌면 약 3시간이 걸리는데, 경관이 너무 아름다워 자꾸만 차를 세우게 되기 때문에 하루를 꼬박 써도 모자란다. 겹겹이 늘어선 호수와 강, 울퉁불퉁한 바위, 동물들이 평화롭게 노니는 초원과 안개가 둘러싼 신비로운 능선까지 아일랜드의 모든 자연요소를 한 번에 볼 수 있는 선물세트 같은 길이다.

영화 「프로포즈 데이」의 주요 장면들은 대부분 딩글에서 차로 4시간 거리에 있는 도시 '골웨이Galway' 주변에서 촬영됐다. 딩글에서 골웨이로 가는 길은 자연경관이 무척 아름다워 그 자체로 매혹적인 여행코스다. 그 길목에는 아일랜드에서 가장 예쁜 마을로 꼽히는 '아데어Adare'도 있다. 19세기 아일랜드의 전통 초가집들이 보존되어 있는 마을인데, 그 아기자기한 모습에 차를 세우지 않고는 못 배긴다고 한다. 이런 여러 가지 이유로 원래 멈추지 않고 달리면 4시간인 이 길에서 7시간을 보냈다는 사람도 있고 9시간을 보냈다는 사람도 있다.

골웨이에 가까워지면 영화 속 배경이 하나둘 등장한다. 그중 '모허 절벽Cliffs of Moher'은 수많은 영화와 뮤직비디오에 등장해 너무나도 유명해진 관광지다. 높이 200m가 넘는 깎

아일랜드 **딩글** dingle

영화 「프로포즈 데이」, 2010

'기네스'가 검은색인 이유

아일랜드를 대표하는 흑맥주 '기네스'는 크림처럼 하얀 거품과 진한 검은색 맥주가 특징이다. 기네스가 검은색을 띠는 이유는 맥주 재료 중 하나인 보리를 커피 원두처럼 볶아 사용하기 때문이다. 아일랜드의 노련한 바텐더가 따라 주는 기네스는 거품이 잔 아래서부터 위로 올라가면서 여러 층으로 갈라졌다가 다시 흰 거품과 검은 맥주의 두 층으로 나뉜다고 한다. 그때까지 기다렸다가 잔을 들이키는 것이 기네스를 맛있게 마시는 방법이다.

아지른 해안절벽이 안전장치 하나 없이 약 10km에 걸쳐 펼쳐져 있다. 웨스트라이프 Westlife의 「마이 러브My Love」와 마룬5Marron5의 「런 어웨이Run Away」 뮤직비디오도 이곳에서 찍었다고 한다.

하이라이트는 골웨이 인근 항구에서 배를 타고 들어가야 하는 아란 제도Aran Islands의 '이니시모어Inishmore 섬'에 있다. 이니시모어는 우리나라의 제주도 우도와 흡사한 분위기를 가졌는데, 대부분의 여행자들이 자전거를 타고 섬을 돌며 여행한다. 여기에 있는 또 다른 해안절벽인 '둔 앵거스Dun Aengus'가 바로 영화 「프로포즈 데이」의 마지막 청혼 장면을 찍은 곳이다. 영화에서처럼 석양이 내려앉을 때 이곳에서 프로포즈를 받는다면 세상을 다 가진 듯한 기분이 들 것 같다. ⑩

TIP ＝＝＝＝＝＝＝＝＝＝＝＝＝＝＝＝＝＝＝＝＝ **딩글 가는 길**

더블린에서 딩글까지 가는 길은 꽤 복잡하다. 우리나라뿐 아니라 세계 각국의 여행자들이 어떻게 가야 가장 좋을지 고민할 정도다. 다양한 방법 중 가장 추천할 만한 방법은 더블린에서 케리 주의 주도인 트럴리Tralee까지 기차로 이동한 뒤 트럴리에서 딩글행 버스를 타거나, 차를 렌트해서 딩글까지 운전하는 것이다. 트럴리에서 딩글까지 소요 시간은 약 50분이다. 딩글 인근을 제대로 여행하려면 렌터카를 이용해야 한다.

허니문 프로젝트 *20*

ring road

아 이 슬 란 드 **링로드**

눈과 귀가 행복한
둘만의 드라이브

취향을 공유할 한 사람

결국엔 취향의 문제다. 커플이 사이좋게 지낸다는 건. 같은 걸 즐기고 좋아할수록 다툴 일은 줄어들 테고 기쁨을 공유하는 일은 늘어날 테니. 처음엔 서로 다른 매력에 끌렸을지 몰라도 취향이 다르면 좋은 관계를 유지하는 데 너무 많은 노력이 필요하다. 그 상대가 평생 단짝친구가 될 배우자라면 더더욱.

나의 경우는 음악이다. 나와 같은 장르의 음악을 즐겨 듣는 사람이었으면 좋겠다. 같은 멜로디에 행복해하고 같은 가사에 감동했으면. 한 번은 이런 생각에 너무 집중한 나머지, 나와 음악 취향이 같다는 이유만으로 누군가를 금세 좋아하게 된 적도 있었다. 지금 생각하면 참 엉뚱했다. 그래도 여전히 사랑하는 사람과 좋아하는 음악을 함께 들으며 멋진 풍경 속을 드라이브하는 건 포기하지 못한 나의 로망이다.

만약 어떤 커플이 서로 같은 음악 취향을 공유하고 도시보다 자연을 훨씬 좋아한다면, 주저 않고 아이슬란드로의 허니문을 권하고 싶다. 가장 좋아하는 노래를 듣고 또 들으며 초현실적인 자연경관 속에서 둘만의 드라이브를 즐길 수 있어서다. 내가 언젠가 꼭 하고 싶은 여행이기도 하다.

아이슬란드Iceland는 그 이름처럼 국토의 11%가 빙하로 덮인 얼음의 나라다. 동시에 수많은 화산과 천연 온천이 있는 불의 나라이기도 하다. 빙하, 화산, 온천 말고도 폭포, 해안 절벽, 피오르, 사막, 빙하 호수, 검은 모래 해변까지. 모든 극적인 자연경관의 집합체나 마찬가지다. 아이슬란드를 두고 '신이 세상을 창조하기 전 연습 삼아 만든 곳'이라고 하는 이유가 짐작이 간다.

전체 면적(10만 3,000km²)이 대한민국(약 10만 km²)과 비슷한데 인구는 고작 33만 명. 강원도 원주의 인구와 같다. 마치 지구가 아닌 듯 낯설고 놀라운 풍경 속에는 사람이 있는 곳보다 사람이 없는 곳이 더 많다. 아이슬란드 허니문은 그래서 특별하다. 문자 그대로 '둘만의 드라이브'를 할 수 있으니까. 인적 하나 없는 낯선 땅에서도 내 곁에 한 사람이면 충분하다는 사실을 온몸으로 느낄 수 있을 테니까.

영화 속 아이슬란드 마주하기

시간이 많지 않은 아이슬란드 여행자들은 일단 '골든 서클Golden Circle'로 향한다. 수도인 레이캬비크Reykjavik에서 가까운 관광명소들을 연결한 코스다. 바이킹족이 세계 최초의 의회를 연 장소라는 '싱벨리르 국립공원 Þingvellir National Park', 4~8분 간격으로 뜨거운 물기둥이 40m까지 치솟는 간헐천 '게이시르Geysir', 아이슬란드에서 가장 사랑받는 폭포인 '굴포스Gullfoss'가 포함되어 있다. 아이슬란드 여행자는 한 번씩 다 들르는 기본 중의 기본 루트라고 할 수 있다.

사랑하는 사람과 함께 아이슬란드를 찾았다면 좀 더 특별한 루트를 여행해 보길 권한다. 아이슬란드 전체를 해안가를 따라 연결한 순환도로인 1번 '링로드Ring Road'를 따라 일주를 해보는 것이다. 최소 8박 9일 일정으로 골든 서클은 물론 아이슬란드의 동서남북을 다 볼 수 있다. 이 코스를 따라 여행하면 유럽에서 가장 파워풀한 폭포, 유럽 최대 빙하, 세계 최북단 노천 온천 등 놀라운 장관들을 만난다. 또 많은 SF영화의 실제 배경이 된 곳들을 눈앞에서 마주할 수 있다.

2014년 개봉한 영화 「인터스텔라Interstellar」에는 주인공이 탐험하는 외계행성으로 얼음행성과 물 행성이 등장한다. 그중 얼음행성으로 나온 회색 빙하지대가 바로 아이슬란드에 있는 '바트나요쿨Vatnajökull'의 끝자락에 위치한 '스비나펠스요쿨Svinafellsjökull'이다. 바트나요쿨은 아이슬란드의 270여 개 빙하 중 가장 큰 빙하이자, 유럽 최대 빙하다. 표면적이 8,100km^{2}로, 서울시 면적(605.2km^2)의 10배가 넘는다. 이곳에서는 화창한 날에 귀를 잘 기울이면 햇살에 얼음이 녹으면서 무어라 설명하기 힘든 환상적인 음색이 들려온다고. 산악 가이드와 함께 빙하 위를 걷는 트레킹 투어도 할 수 있다.

바트나요쿨 남쪽에 위치한 빙하 호수 '요쿨살론Jökulsárlón'도 빼놓을 수 없다. 푸른빛 얼음덩어리가 호수 곳곳에 둥둥 떠 있는 곳으로 아이슬란드 최고의 포토존으로 꼽는다. 11월부터 3월까지는 빙하 밑을 통과하는 얼음 동굴 투어도 해볼 수 있다. 수백 년 동안 눈이 축적되어 만들어진 순도 높은 얼음은 태양의 청색광만 투과시키기 때문에 온통 파란색으로 보인다고 한다.

2012년 개봉한 「프로메테우스Prometheus」의 오프닝 장면에는 아이슬란드의 '데티포스 Dettifoss'가 나온다. 유럽에서 가장 파워풀한 폭포라는 별명을 가진, 폭 100m, 낙차 45m 규모의 폭포다. 아이슬란드에는 특히 폭포가 많은데, 이끼 절벽을 따라 60m 낙차로 쏟아져 내리는 '스코가포스Skógafoss'는 무지개가 자주 뜨는 장소로 유명하다.

북부의 활화산 지대 근처에는 세계 최북단 노천 온천인 '미바튼 네이처 배스Mývatn Nature Baths'가 있다. 아이슬란드에서 가장 유명한 노천 온천인 '블루 라군'보다 규모는 작지만 덜 붐비는 분위기 속에서 휴식하며 여독을 씻어 낼 수 있다. 여름철엔 자정까지, 겨울철엔 밤 10시까지 운영하는데 온천을 하면서 오로라를 관측하려는 사람들이 밤늦게까지 떠나지 않는다고 한다. 운이 좋다면 사랑하는 사람과 함께 따뜻한 온천물에 몸을 담그고 밤하늘의 오로라를 감상하는 행운을 얻게 될지도 모른다.

(TIP) ═══════════════════════════ **아이슬란드 가는 길**

한국에서 아이슬란드로 바로 가는 직항은 없다. 다양한 유럽 항공사들이 연결편을 운항하고 있는데, 그중 핀에어를 타고 핀란드 헬싱키를 경유해 레이캬비크로 가는 방법이 가장 빠르다. 아이슬란드는 호텔, 카페, 레스토랑 등에 무료 와이파이 시설이 잘 갖춰져 있는 나라여서 인터넷 사용에 불편이 거의 없다. 다만 렌터카로 여행할 경우 스마트폰을 내비게이션으로 이용하거나 정보를 검색하는 등 이동 중에 인터넷을 써야 할 일이 많기 때문에 현지에서 선불 SIM카드를 구입하는 편이 좋다.

스코가포스

오로라 여행

아이슬란드에서 오로라를 관측할 수 있는 시기는 넓게 보면 9월부터 이듬해 4월이다. 밤이 길어지는 11월부터 2월 사이에는 관측 확률이 더 높다. 하늘이 맑은 날 남부의 레이캬비크 또는 북부의 아쿠레이리Akureyri에서 출발하는 오로라 헌팅 투어에 참가하는 것도 좋다. 말 그대로 가이드와 함께 오로라가 가장 잘 보이는 곳을 찾아 '오로라 사냥'을 나서는 투어다. 그러나 뭐니 뭐니 해도 가장 중요한 건 '운'이다. 운이 좋으면 호텔방 창문을 통해서도 오로라를 실컷 감상할 수 있으니, 마음을 다해 기도해 볼 것.

어둠이 내려앉은 레이캬비크

요쿨살론

rovaniemi

핀란드 **로바니에미**

1년 뒤엔 서로에게
산타 마을의 편지가 올 거야

믿는 마음에 대하여

　　　　　　'결혼[結婚] 「명사」 남녀가 정식으로 부부 관계를 맺음.'

표준국어대사전은 결혼을 이렇게 정의한다. 그러나 사실 결혼이라는 의식에는 이처럼 간단명료한 사전적 정의로는 설명할 수 없는, 수없이 많고도 다양한 의미가 담겨 있다. 혹자는 결혼을 '행복한 연애의 결말'이나 '진정한 사랑의 완성'처럼 낭만적인 언어로 정의하고, 또 누군가는 결혼을 '미친 짓'이라는 말로 부정하기도 한다.

결혼에 대한 정의를 가장 현실적인 언어로 내려 보자면 '사랑이 인생으로 바뀌는 전환점'이 아닐까 생각한다. 서로 사랑하는 마음만 생각하면 되었던 사이에서, 둘이 하나의 삶에 스며드는 사이가 되는 것. 고통과 어려움이 시시때때로 찾아오는 삶 속에서 서로를 끝까지 지켜주기로 약속하는 것. 그래서 결혼에선 사랑하는 마음만큼 믿는 마음이 중요하다.

이제 막 '정식으로 부부 관계를 맺은 남녀'에게 핀란드 로바니에미Rovaniemi 산타클로스 마을로의 허니문을 권하고 싶은 건 그 때문이다. 이곳은 세상에서 가장 순수한 믿는 마음의 힘을 느낄 수 있는 장소다. 북극권Artic Circle에 자리한 이 추운 소도시에 매년 40만 명의 사람들이 산타클로스를 믿는 마음 하나만을 안고 찾아온다.

사실 오늘날 산타클로스 마을이라는 이름을 가진 관광지는 전 세계에 흔하다. 그러나 로바니에미의 산타클로스 마을은 여느 관광지들처럼 휘황찬란하고 조금은 유치한 테마파크 같은 모습이 아니다. 수수한 집무실에서 1년 내내 방문객들을 맞는 산타클로스 할아버지와 세계 각지에서 산타에게 보낸 편지가 도착하는 산타클로스 중앙우체국은 부러 꾸며 놓지 않아 더 진짜처럼 느껴진다.

산타클로스 중앙우체국에는 매년 60만 통의 편지가 온다. 각각의 소망과 사연을 싣고 온 편지들을 하나하나 읽고 분류하는 일은 하얀 얼굴에 빨간 모자를 쓴 엘프들이 돕고 있다. 편지의 내용은 크리스마스에 받고 싶은 선물 리스트, 일기, 산타에 대한 질문이 대부분이라고 한다. 산타에게 사탕 · 쿠키 같은 선물을 보내거나, 루돌프에게 먹이라며 당근을 보내는 엉뚱한 아이들도 있다고. 그중 4만 통 정도에는 엘프들이 12개국 언어로 답장을 써 보낸다. 크리스마스 기간엔 한국인 엘프도 근무하기 때문에 한국어 답장을 받아볼 수도 있다.

1년 뒤 우리에게 크리스마스 편지를

산타클로스 마을을 찾은 커플이 꼭 해봤으면 하는 일은 '느린 크리스마스 편지'를 쓰는 것이다. 산타클로스 중앙우체국에는 두 종류의 우체통이 있다. 하나는 바로 부쳐지는 편지를 넣는 우체통, 다른 하나는 편지를 1년 내 보관해 두었다가 다음 해 크리스마스에 맞추어 보내주는 낭만적인 우체통이다.

그곳에서 이제 막 결혼한 커플이 1년 뒤에 만들었을 행복한 부부의 모습을 상상하면서 서로에게 편지를 써 보면 좋겠다. 단, 당신이 이런 남편이었으면, 당신이 이런 아내였으면, 하는 바람 말고. 내가 당신에게 이런 아내가 되었으면, 내가 당신에게 이런 남편이 되었으면, 하는 약속을 꼭꼭 눌러 담아 적었으면 한다. 그렇게 편지에 쓴 약속처럼 서로를 아끼면서 1년을 보낸 뒤 받아 보는 크리스마스 편지는 세상 어떤 크리스마스 선물보다 값질 것 같다.

로바니에미는 산타클로스 마을 밖에도 즐길 거리가 많다. 북극권에 자리했기 때문에 오로라를 볼 수 있는 곳이기도 하다. 겨울에 해당하는 11월부터 3월까지 운이 좋다면 하늘을 수놓은 신비로운 초록 물결을 만날 수 있을 것이다. 여름에는 24시간 해가 지지 않는 백야 현상을 경험할 수 있다.

순록 목장에서는 루돌프를 닮은 순록들이 끌어주는 썰매도 탈 수 있다. 하얀 자작나무들이 곧게 뻗은 숲 속에서 유명한 캐럴 가사처럼 '흰 눈 사이로~ 썰매를 타고~ 달리는 기분~'이 얼마나 '상쾌도 한지' 느껴보면 즐거울 것이다. 썰매 타기가 끝나면 순록 썰매 면허증도 발급해 준다고 한다. ✤

산타클로스 마을이 탄생한 배경

원래 로바니에미는 제2차 세계대전으로 도시의 90%가 처참히 파괴되었던 도시다. 1946년 핀란드의 국민 건축가 알바 알토Alvar Aalto의 주도로 도시 재건을 시작하면서 지금의 산타클로스 마을로 만들어졌다. 산타클로스 마을은 전쟁의 폐허로 남겨졌던 로바니에미를 세계적인 관광도시로 다시 태어나게 해 주었다. 실제로 로바니에미 사람들에게 꿈과 희망을 안겨 준 마을인 셈이다.

TIP

헬싱키에서 로바니에미까지 연결하는 항공편을 핀에어와 노르웨이항공이 매일 운항한다. 비행 소요 시간은 약 1시간 20분이다. 색다른 방법도 있다. 헬싱키에서 출발하는 야간열차인 산타클로스 익스프레스Santa Claus Express를 타면 12시간을 달려 로바니에미에 닿는다. 흔히 생각하는 불편한 야간열차가 아니라 편안한 침대, 샤워시설, 식당 칸이 갖춰져 있는 '레일 위 호텔'이다. 산타클로스를 만나기 위해 핀란드의 남북을 가르는 밤기차에서 둘만의 오붓한 시간을 보내는 것도 낭만적이다.

허니문 프로젝트 *22*

flåm

노 르 웨 이 **플롬**

대자연 속에서
초고속 에너지 충전

우리에겐 충전이 필요해

'결혼식'은 가장 행복한 경사慶事인 동시에 몹시 힘이 드는 거사巨事다. 많은 커플들이 그 일생일대의 이벤트를 무사히 치르기 위해 종횡무진 뛰어다니느라 가진 에너지를 모두 소진해 버린다. 그래서 이제 막 결혼식을 마친 커플에게 가장 필요한 것은 어쩌면 낭만보다 재충전의 시간일 수도. 모든 여행은 새로운 에너지를 주지만 일반 충전으로는 부족하다고 느끼는 커플, 초고속 충전이 필요하다는 커플에게 딱 맞는 여행지가 있다. 노르웨이 피오르Fjord 아주 깊숙한 곳에 자리한 마을, 플롬Flåm이다.

노르웨이에는 그 유명한 「절규」를 그린 화가 에드바르 뭉크Edvard Munch와 「솔베이지의 노래」를 만든 세계적인 작곡가 에드바르 그리그도 있지만, 그들은 노르웨이 여행의 메인 요리가 아니다. 노르웨이 여행은 한마디로 대자연 속에서 충전하는 여행이다. 그리고 여기서 대자연은 '피오르'를 뜻한다.

피오르란? 1만여 년 전 거대한 빙하의 침식으로 만들어진 깊은 골짜기에 바닷물이 들어차 형성된 지형이다. 하지만 이 한 문장으로는 피오르를 실제로 보았을 때의 경이로움을 1%도 표현하지 못한다. 강원도에서 나고 자라 웬만한 자연경관에는 잘 감동을 받지 못하는 나도 노르웨이의 피오르를 처음 보았을 때만큼은 경탄을 금치 못했다. 보고 또 보아도 자꾸만 입이 벌어지고 "우와~ 우와~" 하는 감탄사를 몇 시간째 연발하게 되는 풍경이었다.

노르웨이의 수많은 피오르 중에서도 가장 아름답다고 꼽히는 4대 피오르가 있다. 송네Songne, 하르당에르Hardanger, 예이랑에르Geiranger, 뤼세Lyse 피오르다. 그중에서도 송네 피오르는 노르웨이 최대 규모를 자랑한다. 총 길이는 204km이고 가장 깊은 곳의 수심이 1,300m가 넘는다. 이 송네 피오르의 관문인 플롬Flåm은 송네 피오르의 지류인 에울란 피오르Aurlands fjord의 안쪽 끝에 자리한 고요하고 작은 마을이다.

플롬의 주민은 450명 남짓. 마을에는 기차역과 선착장, 우체국, 작은 기념품 가게, 호텔 몇 개가 전부다. 이렇게 자그마한 마을을 노르웨이 사람들은 '노르웨이의 진주'라고도, '피오르의 심장'이라고도 부른다. 그 이유는 플롬에서 가장 아름답고 유서 깊은 호텔인 프레트하임 호텔Fretheim Hotel에 하룻밤만 묵어 보면 알 수 있다. 아침에 일어나 발코니 문을 열고 나오면 '깨끗함 순도' 100%의 공기가 온몸에 쏟아진다. 호텔 앞으로 보이는 웅장한 돌산의 머리에는 천사의 링을 닮은 안개가 둘러져 있고, 깎아지른 피오르의 절벽 끝에서 긴 폭포 줄기들이 그림처럼 떨어진다. 아침 이슬을 흠뻑 머금은 초록 잎들이 맑은 기운을 쉼 없이 내뿜고, 새들의 맑은 노랫소리가 고요한 골짜기를 울린다. 그 모든 것들이 오로지 나의 것으로 느껴지는 아침, 그것이 노르웨이의 대자연이 당신에게 선물하는 초고속 에너지 충전이다.

기차와 보트로 즐기는 피오르

산골짜기 마을 플롬은 찾아가는 길도 특별하다. 세계 10대 아름다운 열차노선에 꼽히는 플롬스바나Flåmsbana가 있어서다. 해발 865m에 위치한 도시 뮈르달Myrdal부터 플롬까지, 최고 경사 55도의 가파른 길을 오가는 산악열차다. 1923년 착공해 17년 동안의 난공사 끝에 1940년부터 운행을 시작했다. 총 길이 20km 중 6km가 산을 뚫어 만든 20개의 터널로 이뤄져 있다. 플롬스바나의 창밖으로는 기가 막힌 경관이 펼쳐진다. 열차는 최고 시속 40km로 약 50분 동안 천천히 움직이고, 경치가 좋은 구간에선 속도를 더 늦춰 승객들이 창밖 풍경을 충분히 감상할 수 있게 해 준다.

이 열차의 하이라이트는 효스포센역Kjosfossen Station 전망대에 정차하는 5분이다. 93m 높이의 웅장한 효스 폭포Kjosfossen waterfall를 감상하고 그 앞에서 기념사진을 찍을 시간을 준다. 여름철에는 쏟아지는 폭포의 물안개를 배경으로 노르웨이 목동들의 전설 속 요정을 재현하는 춤 공연도 볼 수 있다.

플롬의 깨끗한 공기 속에서 꿀잠을 자고 일어났다면 피오르의 속살을 경험할 차례다. 두 가지 방법이 있다. 큰 유람선을 타고 유유히 피오르를 감상하는 방법, 스피드보트를 타고 피오르 사이사이를 쌩쌩 달리는 방법. 개인적으로는 후자인 '피오르 사파리Fjord Sarari'를 권한다. 노르웨이 피오르의 정수를 아주 가까이서 살갗으로 느낄 수 있어서다. 스피드보트는 우뚝 솟은 피오르 절벽 사이의 잔잔한 물 위를 엄청나게 빠른 속도로 달린다. 얼마나 빠른가 하면, 보트의 속도가 만든 바람에 볼살이 뒤로 밀려 얼굴에 있던 주름이 쫙 펴지는 그런 느낌이랄까. 방수 · 보온 · 구명 3중 기능이 있는 특별 복장을 갖춰 입어야 하기 때문에 '예쁨'과는 거리가 멀어질 수 있다는 게 유일한 함정이지만, 그 자체도 결국엔 재미있는 추억이 된다. 작은 보트 하나를 경계로 그 아래 1,000m 깊이의 물이 있다는 사실을 생각하면 기분이 짜릿하면서 왠지 모를 희열까지 느껴진다. 그동안 힘들었던 기억과 근심 걱정 모두 1,000m 물 아래로 털어 버리고, 그 빈 공간을 자연의 정기로 듬뿍 채워 오는 허니문이 되시기를. ⋯

TIP ══════════════════════════ **플롬 가는 길**

오슬로 중앙역에서 베르겐Bergen행 기차를 타고 약 5시간을 달리면 뮈르달역에 도착한다. 뮈르달에서 플롬스바나 산악열차를 타고 50분 동안 차창 밖 풍경을 감상하다 보면 플롬에 도착한다. 플롬역에서 프레트하임 호텔까지는 걸어서 3분 거리다. 프레트하임 호텔은 1870년에 문을 열었다.

노르웨이 4대 피오르

송네, 하르당에르, 예이랑에르, 뤼세 피오르가 노르웨이에서 가장 아름다운 4대 피오르로 꼽힌다. 하르당에르 피오르는 바다와 가까워서 험준한 절벽은 적지만 목가적인 멋이 있다. 총 길이 179km로 송네 피오르 다음으로 규모가 크다. 예이랑에르 피오르는 노르웨이 자연주의 화가들의 그림 배경으로 사랑받았다. 장엄하고 아름다운 절벽 폭포들이 해안에 인접해 있어 볼거리가 풍부하다. 뤼세 피오르는 노르웨이 3대 하이킹 코스가 모여 있는 곳이어서 하이커들에게 인기가 높다.

플레트하임 호텔

preikestolen
kjerag
trolltunga

노르웨이 3대 하이킹 코스
프레이케스톨렌 | 크셰라그 | 트롤퉁가

인생의 오르막길도 이러하겠지

결혼은 현실이다

'사랑해. 이 길 함께 가는 그대. 굳이 고된 나를 택한 그대여. 가끔 바람이 불 때만 저 먼 풍경을 바라 봐. 올라온 만큼 아름다운 우리 길.'

가수 정인의 노래 「오르막길」 중 한 구절이다. 사랑하는 사람과 함께할 고된 인생길을 오르막길에 비유한 이 노래를 몇 번이고 다시 들었던 적이 있다. 나의 인생길을 함께할 사람이 그가 아니란 사실을 깨달았던 기억이 떠올라서였을 것이다. 나는 그를 사랑했지만 그와 고된 오르막길을 완주할 자신은 없었다. 그도 같은 생각이었다. 우리는 이별해야 했다.

연애는 낭만이지만 결혼은 현실이다. 행복한 나날들 속에 견뎌내고 극복해야 할 위기와 어려움이 군데군데 지뢰처럼 심어져 있다. 그럼에도 이 사람과 함께라면 끝까지 포기하지 않을 수 있겠다, 내가 힘을 얻고 또 힘이 되어줄 수 있겠다, 하는 확신이 들 때 사람들은 결혼을 결심한다. 그래서 고마운 일이다, 그 길을 당신과 함께 가겠다고 택한 사람이 있다는 사실은.

같은 맥락에서 결혼식은 낭만에 마침표를 찍는 이벤트와 같다. 허니문은 낭만과 현실을 이어주는 관문 같은 여행이고. 허니문을 통해 그러한 결혼의 진짜 의미를 생각해 보고 싶은 커플에게, 노르웨이 3대 하이킹 코스를 소개한다. 여느 휴양지처럼 옥색 바닷물과 따사로운 햇살은 없겠지만, 인생의 오르막길을 함께 오르는 기분을 조금이나마 맛볼 수 있는 소중한 시간이 될 것이다. 험한 길을 서로 밀어주고 끌어주는 지혜, 힘든 가운데서도 아름다운 풍경에 감탄할 수 있는 여유, 정상에서 얻는 열매의 기쁨 같은 값진 것을 얻을 수도 있다.

노르웨이 3대 하이킹 코스는 모두 뤼세 피오르Lyse Fjord 인근에 있다. '뤼세'는 '밝은Light' 이라는 뜻으로, 밝은색의 거대한 화강암 바위 절벽이 많아 붙은 이름이다. 프랑스의 대 문호 빅토르 위고Victor Hugo는 노르웨이 여행을 다녀온 뒤 그의 소설 「바다의 노동자들Les Travailleurs de la Mer」에서 뤼세 피오르의 장엄한 풍경을 칭송하기도 했다.

심장이 쫄깃해지는 하이킹

첫 번째 하이킹 코스는 뤼세 피오르 내에 자리한 '프레이케스톨렌 Preikestolen'이다. 수직으로 날카롭게 깎인 604m 높이의 절벽바위. 한 발짝만 발을 헛디디 면 바로 저 세상(?)으로 가게 되는 아찔함과 뤼세 피오르의 웅장한 절경을 동시에 경험 할 수 있는 곳이다. 왕복 4시간이 걸리는 그리 길지 않은 코스지만 바위가 많아 오르는 길이 험준하다. 그럼에도 1년에 25만 명이 찾아오는 뤼세 피오르 최고의 인기 장소다. 아무런 안전장치가 없는 절벽바위에 걸터앉아 인증사진을 찍는 것이 이곳을 찾는 여행 자들의 낙이다. 용기가 있다면 프레이케스톨렌에서 아찔한 허니문 기념사진을 남겨 보 길. 주변 사람들에게 보여주면 다들 엄지를 척 치켜들어 줄 게 분명하다.

사실 노르웨이 3대 하이킹 코스는 모두 보기만 해도 심장이 쫄깃해지는 인증사진을 찍 을 수 있는 포인트들이다. 오로지 사진을 찍기 위해 그 세 곳을 오르는 사람들도 많 다. 그런 의미에서 두 번째 하이킹 코스인 '크셰라그볼튼Kjeragbolten'은 프레이케스톨렌 보다 더 큰 용기가 필요하다. 뤼세 피오르 남쪽의 크셰라그 산Kjerag Mt. 깊숙한 곳에 약 1,000m 높이의 거대한 절벽 사이로 틈이 벌어져 있는데, 그 틈에 콕 끼여 있는 동그란 바위가 바로 크셰라그볼튼이다. 바위에 올라서면 피오르를 발밑에 두는 셈이다. 겁이 많은 사람은 바위에 올라서지도 못할 정도로 아찔한데, 그 위에서 점프를 하며 인증사 진을 찍는 담대한 사람들도 은근히 많다. 그러나 이곳 역시 아무런 안전장치가 없으니 알아서 조심해야 한다. 왕복에 5시간이 걸리고, 북적이는 프레이케스톨렌만큼 찾는 사 람이 많지 않아 여유롭게 피오르 풍경을 감상할 수 있다.

프레이케스톨렌과 크셰라그볼튼을 오르는 데 성공했다면, 대망의 하이라이트 '트롤퉁가

Trolltunga'만 남았다. 노르웨이의 전설에 등장하는 거인족 '트롤Troll'의 혀라는 뜻이다. 트롤을 노르웨이 요정이라고 부르기도 하는데, 우리가 생각하는 그런 요정과는 거리가 아주 멀다. 사진을 한번 찾아보길. 아무튼, 뤼세 피오르에서 북쪽으로 몇 시간 떨어진 오다Odda라는 마을에 있는 트롤통가는, 이름처럼 혀를 닮은 모양의 거대한 바위가 피오르를 향해 길게 뻗어 나가 있는 기암절벽이다. 해발 1,000m에 달하는 이곳은 여행전문지 론리플래닛이 선정한 '2015년 베스트 여행지'와 '청혼하기 좋은 장소' 목록에도 이름을 올렸다. 2016년 1월에는 이곳에서 실제로 프로포즈를 한 영국인 커플의 이야기를 영국 「데일리메일」이 보도하기도 했다.

트롤통가는 왕복하는 데 10시간이 넘게 걸리고 숙련된 등반가들도 버거워할 정도로 길이 험준하다. 바윗길, 진흙탕, 눈밭, 돌무더기까지 각종 길을 다 지나야 하는 코스다. 그러나 힘든 길 가운데 예상치 못하게 마주치는 눈부시게 파란 호수와 요정이 살 것만 같은 계곡, 올망졸망한 꽃길의 풍경이 그 모든 고생을 보상해 준다. 졸졸 흐르는 개울물은 그냥 손으로 떠 마셔도 될 만큼 맑고 깨끗하다. 마침내 정상에 도착해 만나는 풍경은 'Breathtaking너무 아름답거나 놀라워서 숨이 턱 막히는'이라는 단어로밖에 설명할 수 없다고 한다. 힘든 길 가운데에도 눈부신 아름다움과 소소한 즐거움들이 있고 끝까지 오른 사람만이 감동을 느낄 수 있는, 이 모든 것이 인생의 오르막길을 닮은 것만 같다.

TIP ══════════════════ **노르웨이 3대 하이킹 코스 가는 길**

2015년부터 노르웨이 3대 하이킹 코스를 연결하는 익스프레스 버스가 생겼다. 스타방에르Stavanger와 하르당에르Hardanger에서 출발하며, 하이킹 출발 지점까지 각각 4시간 정도 소요된다. 2016년 기준 요금은 1인당 595크로네(약 8만 3,000원)이고 페리와 버스 이용료가 모두 포함되어 있다. 이 버스를 이용하면 3일 동안 3대 하이킹 코스를 완주할 수도 있다. 단, 체력이 허락한다는 전제 하에 말이다. 특히 가장 난코스인 트롤통가를 등반할 때는 충분한 휴식이 필요하므로 미리 인근 숙소를 예약하는 것이 좋다. 항공으로 스타방에르에 도착해 베르겐으로 아웃하는 것이 추천 일정이다. 버스 예약은 웹사이트(www.tidereiser.com)에서 가능하다. 이 버스를 이용하지 않더라도 3대 하이킹 코스 등반은 6월부터 9월까지만 허용되므로 시기를 잘 맞추어야 한다.

크세라그볼튼

크세라그볼튼

트롤과 그리그

노르웨이 전설에서 트롤은 덩치가 크고 힘이 세며 야생동물부터 사람까지 닥치는 대로 잡아먹는, 요괴에 가까운 거인이다. 트롤은 노르웨이의 극작가 헨리크 입센Henrik Ibsen이 1867년에 지은 희곡 「페르귄트Peer Gynt」에 의해 널리 알려졌다. 몽상가이자 허풍쟁이인 페르귄트가 세계 각지를 방랑하고 고향에 돌아와 아내 솔베이지의 사랑을 깨닫기까지의 여정을 묘사한 작품이다. 1874년 헨리크 입센은 노르웨이의 국민 작곡가 에드바르 그리그Edvard Grieg에게 페르귄트의 무대 상연을 위한 음악을 작곡해 달라고 의뢰했다. 그렇게 탄생한 대표적인 곡이 남편을 하염없이 기다리는 아내의 마음을 표현한 「솔베이지의 노래」다. 노르웨이 베르겐Bergen에 남아 있는 그리그의 생가는 '트롤이 사는 언덕'이라는 뜻의 트롤하우겐Trolhaugvegen이라고 불린다. 그리그의 생가에는 그가 연주하던 피아노, 작곡 작업을 했던 작은 오두막 등이 남아 있다. 여름엔 생가 옆 콘서트홀에서 매일같이 그리그의 음악을 연주하는 피아노 콘서트가 열린다.

그리그가 작곡 작업을 했던 호숫가 오두막

프레이케스톨렌

rothenburg

독 일 **로텐부르크**

지구상에서 가장 예쁜
크리스마스 마켓

크리스마스에 얽힌 추억

다들 그런 아픈 기억 하나쯤 가지고 있을 것이다. 전 남자친구(여자친구)와 크리스마스에 걸었던 거리, 전 남자친구(여자친구)와 크리스마스에 갔던 레스토랑, 전 남자친구(여자친구)가 크리스마스에 내게 해주었던 말 같은. 별로 떠올리고 싶지 않지만 크리스마스만 되면 문득 찾아와 마음을 두드리고 가는 그런 기억을 어쩌지 못할 때가 있을 것이다. 우리에게 크리스마스는 연인들의 날이니까. 누구든 크리스마스에 얽힌 지난 연인과의 추억이 있게 마련이니까.

같은 이유로 어떤 현재진행형 커플에게는 크리스마스가 1년 중 그 어느 날보다도 특별하다. 크리스마스에 사랑을 고백했거나, 크리스마스에 청혼을 했거나, 크리스마스에 처음 만나게 되었거나. 다른 날이었어도 좋았을 테지만 그날이 크리스마스여서 훨씬 더 특별하고 로맨틱했을 것이다. 우리에게 크리스마스는 그런 의미다.

크리스마스를 어느 날보다 소중히 여기는 커플에게 권하고 싶은 겨울 여행지가 있다. 독일 바이에른 주의 소도시 로텐부르크Rothenburg(정식 명칭은 '로텐부르크 오브 데어 타우버Rothenburg ob der Tauber', 타우버 강가의 로텐부르크라는 뜻이다). 이곳에서 매년 12월 지구상에서 가장 예쁜 크리스마스 마켓이 열린다. 유럽의 여느 도시에서도 크리스마스 마켓은 열리지만, 버스킹을 들으려면 아일랜드 더블린에 가야 하고 마카롱을 맛보려면 프랑스 파리에 가야 하듯, 크리스마스 마켓을 즐기려면 독일 로텐부르크에 가는 것이 진리다.

로텐부르크 크리스마스 마켓은 15세기부터 500년이 넘게 이어져 온 '애드벤트Advent 축제(크리스마스 전 4주간 그리스도 강림절을 기념하는 축제)'와 함께 열리는 연중 가장 성대한 지역 행사다. 이 기간이 되면 안 그래도 그림 같기로 유명한 로텐부르크 구시가 전체가 온통 크리스마스 장식으로 반짝이는 겨울 동화의 한 장면으로 변신한다. 정교한 수공예 크리스마스트리 장식과 스노우볼 등 각종 크리스마스 용품이 가판에 즐비하게 진열된다. 추위도 잊고 밖으로 쏟아져 나온 사람들은 저마다 글뤼바인Glühwein(계피와 오렌지, 레몬 등을 넣고 따뜻하게 끓인 레드와인)이나 핫초콜릿으로 손을 녹이며 밤이 늦도록 분위기에 취한다. 한국에선 접할 수 없는 진짜 크리스마스 문화의 정수를 만날 수 있다.

오늘날 로텐부르크는 인구 1만 1,000명 정도의 아주 작은 도시지만, 15세기엔 프랑프푸르트, 뮌헨보다 더 번영했었다고 한다. 또한 단 한 번도 상처 입거나 파괴되지 않은 채 지금까지 보존되고 있는 14세기 성벽과 구시가로도 유명하다. 그 역사엔 이런 이야기가 전해 온다.

가톨릭(구교)과 프로테스탄트(신교)의 30년 종교전쟁이 한창이었던 1630년대, 프로테스탄트 도시였던 로텐부르크가 가톨릭 군에게 점령당했다. 당시 점령군 장군이 로텐부르크를 파괴하겠다고 위협하다가 3.25L의 와인이 담긴 거대한 잔을 보고 즉흥적으로 '이 와인을 한 번에 다 마시면 도시를 파괴하지 않고 돌려주겠다'는 제안을 했다. 그러자 로텐부르크 시장이 자청해 그 와인을 단숨에 들이켜 도시를 상처 하나 없이 구했다고 한다. 겨우 와인 '원샷'에 도시를 살린 게 싱겁다고? 우리가 '피처'라고 부르는 커다란 맥주 바스켓의 용량이 3L다. 그보다 더 많은 양의 와인을 단숨에 마시는 것이 보통 일은 아니었을 것이다. 우리가 오늘날 이렇게 아름다운 로텐부르크를 만날 수 있는 건 그때 그 시장의 패기 덕분이다.

점점 더 특별해져라, 둘만의 크리스마스

사랑하는 사람과 함께 찾은 로텐부르크에서 당신이 꼭 했으면 하는 일! 그 첫 번째는 크리스마스트리 장식 구입하기다. 서울 고속버스터미널 지하에서 파는 '메이드 인 차이나' 표 트리 장식과는 비교조차 불가한, 독일인의 정교한 손길과 정성이 담긴 장식들을 여기서 살 수 있다. 가격이 만만치 않지만 그만한 값을 하는 것들이어서 옷장 속에 두고두고 보관하며 매년 꺼내 볼 가치가 있다. 그 장식들로 크리스마스트리를 장식할 때마다 로텐부르크 여행의 추억이 당신의 마음을 두드릴 것이다. 또는 미래에 아이가 태어나 직접 크리스마스트리를 꾸밀 수 있는 나이가 되었을 때, 아이의 고사리 손에 쥐어 줄 장식을 특별히 하나 마련해 오는 것도 좋겠다. 둘이 만드는 트리에서

셋이 만드는 트리로, 연인의 크리스마스 추억이 가족의 크리스마스 추억이 될 날을 상상하면서.

두 번째는 한낮의 햇살이 따뜻하게 구시가를 비출 때 슈니발렌Schneeballen을 사 들고 성벽 산책하기. 몇 해 전 우리나라에서 반짝 유행했던 그 슈니발렌의 원산지가 바로 독일이다. 우리가 먹던 건 딱딱한 과자여서 나무망치로 쾅쾅 깨 부숴야 먹을 수 있었는데, 오리지널 슈니발렌은 손으로 뜯어먹을 수 있는 부드럽고 촉촉한 과자다. 동그랗게 뭉쳐놓은 모양과 부드러운 식감이 눈Snow을 닮았다고 해서 현지인들은 '스노볼Snowball'이라 부른다. 로텐부르크 성벽 한쪽엔 작은 계단이 설치되어 있는데 그 위로 올라가면 아기자기한 구시가를 내려다보며 산책을 할 수 있다. 그림 같은 풍경 속에서 사랑하는 사람과 달콤한 슈니발렌을 나눠 먹으며 나누는 대화는 달콤할 수밖에 없을 것 같다.

세 번째는 길거리 음식 먹방 찍기. 크리스마스 마켓에는 독일에서 내로라하는 맛있는 길거리 음식들이 총집합한다. 따뜻한 글뤼바인을 호호 불어 마시며, 통통하고 육즙이 가득한 독일 소시지와 고소하고 달달한 군밤을 배가 동그랗게 나올 때까지 먹는다면 그 순간 부러울 것이 없겠지. 독일에선 우리가 쌍화탕을 마시듯 감기 예방용으로 글뤼바인을 마신다고 하니, 추운 날 밤늦게 돌아다닌다고 감기 걸릴 걱정은 하지 않아도 된다. 그렇게 로텐부르크 크리스마스 마켓의 추억과 함께 당신의 크리스마스는 점점 더 특별해질 것이다.

TIP ══════════════════════════════ **로텐부르크 가는 길**

프랑크푸르트Frankfurt에서 출발해 환승 없이 로텐부르크까지 갈 수 있는 유로파Europa 버스가 있지만, 4월부터 10월까지만 운행하므로 크리스마스 마켓 기간엔 이용할 수 없다. 겨울에 대중교통을 이용하려면 기차를 타야 한다. 다만 대도시와 소도시를 한 번에 연결하는 노선이 없기 때문에 두 번은 갈아타야 한다는 불편이 있다. 프랑크푸르트에서 ICE 고속열차를 타고 뷔르츠부르크Würzburg까지 간 다음, 지역열차인 RB으로 갈아타고 슈타이나흐Steinach까지 간다. 이곳에서 다시 로텐부르크행 열차로 환승하면 된다. 총 2시간 30분에서 3시간이 소요된다. 시간 여유가 있다면 렌터카를 이용하는 것이 가장 편하다. 프랑크푸르트에서 자동차로 약 2시간 소요된다.

시청사에서 내려다본 로텐부르크 풍경

독일 '가도' 여행

독일에는 로맨틱 가도, 메르헨 가도, 에리카 가도, 괴테 가도, 고성 가도, 판타지 가도, 알펜 가도 등 7개 가도가 있다. 쉽게 말해 테마여행 루트인데, 많은 여행자들이 이들 가도를 따라 독일 소도시를 여행한다. 그중 뷔르츠부르크에서 퓌센Füssen까지 이어지는 아름다운 길인 '로맨틱 가도', 동화 「헨젤과 그레텔」, 「빨간 모자」, 「동물 음악대」 등의 배경인 브레멘Bremen에서 프랑크푸르트까지 잇는 '메르헨 가도', 50여 개의 고성이 남아 있는 '고성 가도'가 가장 인기 있다. 로텐부르크는 로맨틱 가도와 고성 가도 두 개에 동시에 이름을 올리고 있는 도시다.

görlitz

독 일 **괴를리츠**

살 아 있는
영 화 세 트 장 속 으 로

그랜드 부다페스트 호텔과 국경여행

독일의 맨 동쪽, 폴란드와 국경이 맞닿은 자리에 '괴를리츠Görlitz'라는 괴상한 이름의 도시가 있다. 인구가 6만 명밖에 되지 않는 아주 작은 도시다. 중세시대 건물들이 잘 보존되어 있어 오래전부터 유네스코 세계유산에 등재되어 있었지만, 여행자들은 그 도시의 존재를 잘 몰랐다. 그런데 2014년부터 갑자기 세계 각지의 여행자들이 괴를리츠를 찾아오기 시작했다. 오로지 「그랜드 부다페스트 호텔The Grand Budapest Hotel」이라는 영화 한 편으로 인해서다.

나도 당시 '썸'을 타던 남자와 극장에서 「그랜드 부다페스트 호텔」을 봤다. 그런 상대와 보기에 썩 이상적인 내용은 아니었지만, 그래도 어릴 적 가지고 놀던 인형의 집을 닮은 동화적인 느낌의 건축물이며, 등장인물들의 느낌 있는 패션, 예술적인 소품들을 보느라 보는 내내 눈이 즐거웠다. 역시나 이 영화는 이듬해 열린 제87회 아카데미 시상식에서 총 9개 부문에 최다 노미네이트되었고, 그중 미술상, 분장상, 의상상, 음악상을 받아 최다 수상 작품에 이름을 올렸다. 낭만과 예술이 살아 숨 쉬던 1930년대 전성기의 유럽을 완벽하게 재현해 냈단 평이었다.

그리고 괴를리츠가 화제가 됐다. 이 영화가 올 로케이션(전체 현지촬영)으로 제작되었단 사실이 알려지면서 궁금증이 커진 것이다. 웨스 앤더슨 감독은 촬영지 물색에 많은 공을 들인 끝에 우연히 괴를리츠를 발견했다고 한다. 외관은 웅장하지만 당시 파산상태로 내부가 텅 빈 '카르슈타트Karstadt 백화점'은 고풍스럽고 화려한 '그랜드 부다페스트 호텔'을 재현할 장소로 낙점되었다. 작은 도시 안에 가득한 고딕, 바로크, 아르누보 양식 건물들도 웨스 앤더슨 감독의 마음을 사로잡았다.

영화에는 괴를리츠의 건축물과 풍경만 등장한 것이 아니다. 괴를리츠 시민들도 등장한다. 영화에서 멘들스Mendl's 베이커리의 '아가사'가 만드는 예쁜 케이크 '코르티잔 오 쇼콜라'는 괴를리츠의 제빵사 '아네모네 뮐러 그로스만'이 만들었다. 또 아가사 가 선물 받은 도자기 펜던트, 주인공 '구스타브'의 상징인 새끼손가락 반지도 괴를리츠 지역 예술가의 작품이라고. 엑스트라 역할은 대부분 괴를리츠 시민들이 출연해 맡았고, 영화에 개가 필요하다고 하면 자신의 개를 데려온 시민도 있었다고 한다. 말 그대로 괴를리츠 자체가 '살아 있는 영화세트장'이었던 셈이다. 「그랜드 부다페스트 호텔」의 팬이라면 반할 수밖에 없는 매력이다.

괴를리츠의 이색 매력은 또 있다. 폴란드의 도시 즈고젤레츠Zgorzelec와 작은 보행자 다리 하나로 국경을 나누고 있어, 하루에도 몇 번씩 국경을 넘나드는 경험을 할 수 있다는 것. 간단한 여권 검사만 하면 통과할 수 있기 때문에 옆집 드나들 듯 왔다 갔다 했다는 여행객들의 체험담이 줄을 잇는다. 그 다리 하나로 물가가 하늘과 땅 차이여서 즈고젤레츠에 숙박하며 괴를리츠 여행을 하는 사람들도 많다. 이래저래 한번쯤 가볼 만한 이유가 충만한 도시다. ⚜

영화 「그랜드 부다페스트 호텔」, 2014

(TIP) ━━━━━━━━━━━━━━━━━━━━━━━━━ **괴를리츠 가는 길**

먼저 프랑크푸르트에서 드레스덴Dresden까지 가야 한다. 항공편을 이용할 경우 1시간 소요, 기차를 이용하면 약 4시간이 소요된다. 드레스덴에서 기차를 타고 1시간 30분에서 2시간 정도 가면 괴를리츠에 도착한다. 한편 드레스덴에도 「그랜드 부다페스트 호텔」의 촬영지가 일부 있다. 영화에서 멘들스 베이커리로 나온 곳은 드레스덴의 유제품 가게 '푼즈 몰케레이Pfunds Molkerei'다. 독일 명품 브랜드 빌레로이 앤 보흐Villeroy and Boch의 타일로 벽과 천장을 빈틈없이 꾸민 이 가게는 기네스북에 '인테리어가 가장 예쁜 유제품숍'으로 올라 있다.

독일 괴를리츠와 폴란드 즈고젤레츠를 잇는 다리

카르슈타트 백화점 내부

허니문 프로젝트 *26*

bad ischl

오 스 트 리 아 **바트이슐**

황제와 황후처럼
온천 휴양하기

황제에게 '지구상의 천국'이었던 곳

'유럽의 중심'이란 타이틀에 가장 걸맞은 나라가 어딜까 생각해 보면, 역시 오스트리아다. 지리적으로 동서유럽을 연결하는 고리 역할을 한다는 데 반박의 여지가 없다. 오스트리아는 대한민국보다 면적이 작은데(오스트리아 약 8만 4,000km², 대한민국 약 10만km²) 무려 8개 나라와 국경을 접하고 있다. 북쪽으로 독일·체코, 남쪽으로 이탈리아·슬로베니아, 동쪽으로 헝가리·슬로바키아, 서쪽으로는 스위스·리히텐슈타인과 맞닿아 있다. 당연히 역사적으로 수많은 전쟁을 겪었는데, 그 틈새에서도 유럽의 핵심 강대국 자리를 굳건히 지킨 나라다.

그런 오스트리아를 역사상 가장 오랜 기간 통치한 황제가 있다. 68년간 재위한 프란츠 요제프 1세Franz Joseph I 다. 태어난 순간부터 황실 가족의 총애를 한 몸에 받으며 황위 계승을 위한 엘리트 코스를 밟고, 18세에 오스트리아의 황제가 된 인물이다. 평생 좋다는 것만 먹고 입고 썼을 그가 '지구상의 천국'이라 칭할 정도로 사랑했던 휴양지가 있었다. 바로 잘츠카머구트Salzkammergut 지방의 온천 도시, 바트이슐Bad Ishl이다.

바트이슐의 '바트Bad'는 독일어로 '목욕'이란 뜻이다. 이름으로부터 '나는 온천 도시요'라고 말하는 셈이다. 프란츠 요제프 1세는 당대의 뛰어난 미인으로 알려졌던 바이에른의 공주 엘리자베트Elisabeth와 바트이슐에서 약혼식을 올렸다. 이후 결혼 선물로 받은 바트이슐의 '카이저빌라Kaiservilla'는 곧 황실의 여름 별궁이 되었다. 프란츠 요제프 1세와 엘리자베트는 여름마다 이곳에서 시간을 보냈다.

황제의 바트이슐 사랑이 소문나면서 오스트리아의 수많은 귀족과 부호들도 앞다투어 바트이슐에 별장을 지었다. 오늘날 이곳에 아름다운 로코코 양식 건물들이 많이 남아 있는 까닭이다. 그 밖에도 바트이슐은 오스트리아-헝가리 제국의 유명 작곡가인 프란츠 레하르Franz Lehar, 당대 최고의 오스트리아 정치가이자 외교관이었던 메테르니히 Klemens Wenzel von Metternich 등 저명한 인사들이 즐겨 찾던 패셔너블한 휴양지였다.

좋은 온천, 맛있는 케이크, 진짜 휴식

바트이슐의 명성은 오늘날까지 이어져 여전히 오스트리아 국민들의 휴양지로 사랑받고 있다. '보러 가는 곳'이 아닌 '쉬러 가는 곳'의 성격이 강해 배낭여행객이나 단체여행객은 잘 찾아보기 힘들다. 대신 작은 도시에 빼곡한 온천호텔들은 순수하게 휴식을 즐기는 현지인들이 채운다. 가장 크고 유명한 온천호텔은 '황제의 온천'이란 뜻의 '카이저테르메Kaiser Therme'다. 불임으로 고생하던 프란츠 요제프 1세의 어머니가 이곳에서 온천욕을 한 뒤 황제를 낳았다고 한다. 어쩌면 프란츠 요제프 황제는 온천 덕에 태어난 이유로 온천을 그토록 좋아했는지도 모르겠다.

황제의 여름별궁이었던 카이저빌라는 현재 '바트이슐 시립 박물관Museum der Stadt Bad Ischl'으로 사용되고 있다. 영화로웠던 시절의 흔적을 그대로 간직한 채 그 자리에 서서 방문객들을 맞이한다. 또 황제와 황후가 즐겨먹었던 디저트를 파는 '차우너 카페Zauner Cafe and Cake Shop'는 지금도 그 자리에서 전통 방식으로 만든 케이크와 초콜릿을 만들고 있다. 1832년에 문을 열었으니 180년이 넘는 역사를 가진 곳이다.

프란츠 요제프 1세는 아내 사랑이 지극했던 황제로 알려져 있다. 1989년 황후가 스위스에서 암살당했다는 소식을 들었을 때 그는 "우리가 얼마나 사랑했는지 아무도 모를 것이다. 짐은 이 세상에 더 이상 여한이 없다"고 말하며 통제할 수 없을 정도로 절망한 모습을 보였다고. 황제와 황후의 사랑 이야기가 듬뿍 밴 품격 있는 휴양지 바트이슐, 그곳에서 사랑하는 사람과 온천을 즐기며 허니문의 하룻밤을 보내는 건 어떨까.

(TIP) == **바트이슐 가는 길**

오스트리아의 수도 빈Wien에서 모차르트의 고향이자 음악의 도시 잘츠부르크 Salzburg까지 매일 항공편이 운항된다. 소요 시간은 50분. 잘츠부르크에서 출발하는 포스트버스Post Bus를 타고 약 2시간을 가면 바트이슐에 도착한다. 잘츠카머구트의 중심에 위치하는 바트이슐을 거점으로, 모차르트의 어머니가 태어난 곳인 '장그트 길겐St. Gilgen', 영화 「사운드 오브 뮤직」의 배경이 되었던 '장그트 볼프강St. Wolfgang', 잘츠카머구트의 진주라 불리는 '할슈타트 호수 Hallstatt' 등을 여행하면 좋다.

프란츠 요제프 1세의 여름 별궁이었던 카이저빌라

황제와 황후가 즐겨 먹던
디저트를 파는 차우너 카페

hvar

크로아티아 **호바르**

크로아티아의
'제주도 더하기 이태원'

흥을 아는 당신이라면

만약 흥이 넘치는 외국인 친구가 한국에 놀러 오겠다고 하면 나는 그를 인사동이나 N서울타워 전망대에 데려가지 않을 것이다. 우선 대낮부터 이태원의 세련된 막걸리 주점에서 진하게 한잔 걸치고 기분 좋게 거리를 노닐다가, 해가 뉘엿뉘엿할 때쯤 경리단의 루프탑바를 찾아가 일몰과 야경을 감상하고, 이름난 클럽과 복작복작한 소주 집을 번갈아 순회하며 잠들지 않는 서울의 밤을 경험하게 해 줄 것이다.

그 친구가 한국의 아름다운 자연을 즐기고 싶다고 하면, 제주행 비행기를 탈 것이다. 해안도로를 따라 자전거를 타고, 협재 해수욕장의 에메랄드빛 바닷물에 발을 담그고, 우도의 오름을 오르는 즐거움을 알려줄 것이다. 그게 인사동을 구경하고 N서울타워 전망대에 올라가는 것보다 훨씬 제대로 노는 방법이란 걸 알기 때문이다.

마찬가지로 만일 흥이 넘치는 한국인 커플이 크로아티아에 사는 친구에게 놀러 가겠다고 하면 흐바르Hvar로 안내할 것이 분명하다. 아드리아해의 최대 섬(면적 약 300km², 제주도의 약 6분의1)이자 현지인들이 가장 사랑하는 휴양지인 흐바르는 한마디로 '제주도 더하기 이태원'이다. 낮에는 눈부시게 아름다운 해변과 신비로운 자연경관이 빛을 발하고, 밤에는 '미친 것처럼' 놀 수 있는 클럽 파티로 불야성을 이룬다.

흐바르에서 여행자들이 가장 많이 몰리는 곳은 섬과 이름이 같은 흐바르 타운Hvar Town이다. 해변을 따라 프리미엄 호텔과 세련된 레스토랑, 트렌디한 바와 클럽이 즐비하고 항구엔 호화 요트들이 줄을 지어 정박해 있다. 최성수기인 7, 8월엔 하루 평균 2만 명이 흐바르 타운을 찾는다. 흐바르 섬 전체 인구가 1만 1,500여 명인 것을 생각하면 엄청난 숫자다. 흐바르 타운 앞바다엔 작고 예쁜 섬들이 모인 '파클레니 제도Pakleni Islands'가 있다. 보트로 20분이면 도착하는데, 돈 많은 여행객들에게 인기 있는 곳이어서 비싼 레스토랑과 카페가 많다.

조용한 옆 마을 '스타리그라드Stari Grad'는 흐바르 역사와 문화의 중심지다. 기원전 384년 흐바르 섬에 식민지를 세웠던 그리스의 흔적과 13~18세기 이곳을 점령했던 베네치아 공국 시대의 건축물이 곳곳에 남아 있다. 그중 '스파뇰라 요새Spanjola Fortress'는 흐바르 최고의 경관을 선사한다. 오솔길을 따라 산책하듯 요새 정상에 오르면, 짙푸른 아드리아해의 수평선과 그 위에 그림처럼 떠 있는 작은 섬들, 빨간 모자 같은 지붕을 쓴 마을의 경치를 한눈에 담을 수 있다. 해 지는 시간에 맞춰 올라간다면 노을빛으로 물든 흐바르 섬의 풍경을 만날 수도 있다.

흐바르에선 '카르페 디엠!'

흐바르 타운에 해가 지기 시작하면 낮과 전혀 다른 분위기가 펼쳐진다. 낮 동안 분위기 있는 레스토랑이었던 곳들이 화려한 조명과 함께 신나는 음악을 틀고, 사람들은 자연스럽게 춤을 추기 시작한다. '유럽에서 가장 놀기 좋은 클럽도시' 중 하나로 선정된 흐바르의 진면목이 드러나는 것이다.

진정한 '흐바르 그루브'를 느끼려면 '카르페디엠 비치클럽Carpe Diem Beach Club'을 가 봐야 한다. 흥이 넘치는 커플에게 흐바르 허니문을 추천하고 싶은 이유가 이 클럽에 있다. 여름철 흐바르에서 가장 '핫'한 장소인 카르페디엠 비치클럽은 흐바르 타운에서 배로 20분 정도 떨어진 작은 섬 하나를 통째로 쓴다. 6월 중순부터 9월 중순까지 요일마다 다른 테마로 새벽 5시까지 비치 파티를 여는데, 실력파 DJ들과 세계적인 셀럽들이 찾아오기로 유명하다.

카르페디엠 비치클럽은 밤 12시쯤부터 운영되는 무료 보트를 타고 갈 수 있다. 이 보트에서 별이 쏟아질 듯한 밤하늘을 보는 것이 아주 낭만적이다. 파티가 끝나고 돌아오는 보트에선 혼이 반쯤 빠져나간 것 같은 사람들의 표정을 구경하는 것도 재미있다. 흐바르에서 하루만큼은 '현재를 즐겨라'라는 뜻의 '카르페 디엠'을 가슴에 새기며 흥을 불살라 보기를. 영원히 잊지 못할 허니문의 하룻밤이 될 것이다.

일렁일렁, 신비로운 섬 투어

광란의 밤이 지나면 다시 아침이다. 흐바르에서 가장 신비롭고 아름다운 장소를 찾아갈 시간. 목적지는 흐바르 타운에서 보트로 약 1시간 거리에 있는 비셰보Biševo 섬의 '푸른 동굴Blue Grotto'이다. 오전 11시에서 정오 사이, 햇빛이 물아래로 통과할 때 쪽배에 몸을 싣고 동굴 안으로 들어가면 비현실적으로 투명한 푸른빛의 바다를 만날 수 있다. 물이 워낙 맑아 16m 깊이까지 들여다보이고, 수면 아래 잠긴 바위는 은빛으로 빛난다. 오로지 이 푸른 동굴을 보기 위해 흐바르 섬을 찾아오는 여행자들도 많다고. 7~8월엔 워낙 많은 사람들이 몰리기 때문에 동굴을 여유롭게 감상하기 힘들지만, 비수기엔 푸른 동굴 안에서 수영을 즐길 수도 있다.

흐바르에서 유명한 또 하나는 라벤더다. 5~6월에 찾아가면 라벤더가 만발한 풍경을 만날 수 있다. 시기를 못 맞춰 라벤더 밭을 보지 못하더라도 흐바르 섬의 골목골목에선 1년 내내 라벤더 향기를 맡을 수 있다. 거리의 상점마다 라벤더 포푸리를 내걸고 있기 때문이다. 라벤더와 관련한 각종 기념품을 파는 가게도 즐비하다.

렌터카나 자전거를 빌려 라벤더 해안도로를 달려보는 것도 꼭 한번 해 볼 만하다. 제주도 해안도로 부럽지 않게 아름다운 풍경을 눈에 담을 수 있다.

(TIP) ━━━━━━━━━━━━━━━━━━━━━ **흐바르 가는 길**

공항이 있는 가장 가까운 도시는 스플리트Split다. 스플리트 공항에서 페리 선착장까지 차로 약 30분 걸린다. 스플리트 선착장에서 카타마란Catamaran을 타면 흐바르 섬 흐바르 타운에 1시간 만에 도착하고, 페리보트를 타면 흐바르 섬 스타리그라드에 2시간 만에 도착한다. 스타리그라드와 흐바르 타운은 차로 20~30분 거리다.

rovinj

크 로 아 티 아 **로빈**

로빈에선
둘만의 일기를 쓰자

아픈 역사가 있는 곳에서의 시간여행

크로아티아 여행을 말할 때 항상 첫 번째로 등장하는 도시는 두브로브니크Dubrovnik다. '아드리아해의 진주'라는 별명처럼 반짝반짝 빛나는, 크로아티아 최고의 인기 여행지. 나 역시 친구 또는 가족과 하는 여행이라면 당연히 두브로브니크부터 떠올릴 것이다. 하지만 허니문의 경우엔 이야기가 다르다. 수많은 사람들이 우르르 몰려가 저마다의 추억을 심어 놓는 곳보다는, 우리 둘만 공유할 수 있는 어떤 특별함이 있는 곳이었으면 좋겠다. 그런 생각을 할 때 떠오르는 도시가 로빈Rovinj이다. 두브로브니크가 알랭 드 보통의 세계적인 베스트셀러 같은 여행지라면, 로빈은 나만 볼 수 있는 재미있는 이야기가 가득한 일기장 같은 여행지랄까.

로빈은 크로아티아의 서쪽 끝, '이스트라Istra(이탈리아어로는 이스트리아Istria) 반도'에 자리해 있다. 이스트라 반도는 아드리아해를 3면에 마주하고 크로아티아, 슬로베니아, 이탈리아 3국에 걸쳐 있는 지역이다. 어쩌면 '반도'라는 지형에는 침략의 아픔을 겪어야 할 숙명 같은 것이 있나 보다. 한반도가 그러하였듯 이스트라 반도 또한 수많은 침략과 지배를 경험했다. 제1차, 제2차 세계대전을 겪으면서 수차례 주인이 바뀌었던 이 땅은 1991년이 되어서야 제자리를 찾았다. 그해에 크로아티아와 슬로베니아가 독립하면서 대부분은 크로아티아 영토가 되었고, 나머지는 슬로베니아, 이탈리아의 영토가 되었다. 로빈은 지금 크로아티아의 도시이지만 크로아티아가 아니었던 시절의 역사가 훨씬 길다. 베네치아, 오스트리아, 프랑스 등의 지배를 받았고 끝에는 오랫동안 이탈리아에 속해 있었다. 지금도 로빈에는 다양한 건축 양식들이 혼재해 있고, 이탈리아 언어와 문화가 살아 숨 쉰다. 그러한 역사의 조각들이 만들어 낸 무지갯빛 매력은 구시가로 들어서는 입구인 발비문Balbi Arch에서부터 확인할 수 있다. 1679년에 만들어진 이 문의 바깥쪽은 터키 양식, 안쪽은 베네치아 양식이다. 안으로 들어서면 잠깐 사이에 시간여행을 떠나온 듯한 풍경이 눈앞에 펼쳐진다. 미끄러울 정도로 반질반질해진 돌바닥이 세월을 짐작하게 하고, 좁고 구불구불한 뒷골목에는 고딕·르네상스·바로크 등 각종 고전 양식의 낡은 건축물들이 섞여 있다. 주택들은 창문과 창문을 긴 빨랫줄로 연결해 알록달록한 옷가지를 널어 두고, 저마다 예쁜 화분으로 현관을 장식해 두고 있다.

발비문에서 정면으로 난 오르막길을 끝까지 올라가면 로빈에서 가장 높은 곳에 서 있는 성 유페미아 성당Church of St. Euphemia에 닿는다. 베네치아풍 바로크 양식의 이 성당은 로빈 사람들이 수호성인으로 여기는 성 유페미아가 잠들어 있는 곳이다. 물고기를 잡아 생계를 이어가는 로빈의 어부들은 매일같이 이 성당에 올라 만선을 기도드린다고 한다. 60m 높이로 우뚝 선 종탑은 로빈 전체를 따뜻한 시선으로 내려다보는 듯하다. 어떤가, 이런 도시에서라면 둘만의 특별한 일기를 써 보고 싶지 않을까?

섬이었던 도시에서 노는 법

로빈은 본래 섬이었다. 베네치아가 로빈을 지배하던 시절, 시가지가 점점 확장되자 1763년에 섬과 본토 사이의 물길을 메웠다. 그때부터 로빈은 육지에서 볼록 튀어나온 반도가 되었다. 모든 섬이 그렇듯이 태생이 섬이었던 로빈에도 아름다운 해변들이 많이 있다. 지도를 보고 찾아가지 않아도 발길 닿는 대로 걷다 보면 곳곳에서 그림 같은 해변과 당장 바다로 뛰어들 수 있는 다이빙 포인트를 마주친다. 거기엔 어김없이 수건 한 장 깔고 실오라기 정도만 걸친 채 누워 아드리아해를 만끽하는 사람들이 있다. 해수욕을 하다가 배가 고파지면 푹 젖은 머리카락으로 레스토랑의 노천 테이블에 앉아 해산물 요리를 즐기고, 또다시 바다로 나가 첨벙첨벙. 그렇게 자유로운 휴식이 로빈에서 가장 자연스러운 휴식이다.

로빈 주변에는 14개의 아주 작은 섬들이 있다. 그중 가장 인기 있는 섬은 '레드 아일랜드 Red Island'라고도 불리는 '츠르베니 오토크Crveni Otok'다. 해안 산책로를 따라 늘어선 투어데스크에서는 이들 섬으로 가는 다양한 투어를 판매한다. 주변 군도를 모두 도는 보트를 탄 다음 마음에 드는 섬에 내려 그곳에서 오후 내내 해수욕을 즐기고 돌아올 수도 있다. 해가 지는 시간에 맞추어 배를 타고 바다 위에서 석양을 감상할 수 있는 선셋투어도 있다. 로빈에 밤이 내려앉으면 예쁜 원피스와 셔츠로 한껏 멋을 낸 사람들이 다시 바닷가에 모여 든다. 손에는 맥주잔을 들고 달빛에 반짝이는 밤바다를 향해 앉아 도란도란 이야기를 나눈다. 사랑하는 사람, 달빛, 바다 그리고 맛있는 맥주. 그 이상 무엇이 더 필요할까?

로빈 구시가 입구에서 성 유페미아 성당까지 이어지는 거리의 이름은 '그리시아Grisia'다. 그리시아에는 지역 아티스트들의 작은 공방들이 빽빽하게 모여 있다. 두 사람이 동시에 지나가면 어깨가 스칠 듯이 좁은 골목길 양쪽으로 조각과 그림들이 줄지어 전시되어 있어 거리 전체가 하나의 갤러리 같다. 한 걸음 한 걸음을 떼기가 힘들 정도로 멋진 작품들이 시선을 붙잡는다. 정성이 가득 담긴 수공예 기념품도 많아 소중한 사람들을 생각하며 쇼핑을 즐기기에도 좋은 곳이다.

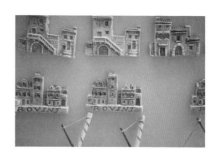

___TIP___ ———————————————————————— **로빈 가는 길**

장거리 버스를 이용하는 것이 가장 편리하다. 크로아티아 수도 자그레브에서 로빈까지 버스로 4~5시간 정도 소요된다. 렌터카를 직접 운전할 경우 약 3시간이 걸린다. 이탈리아 베네치아에서 로빈까지 가는 버스도 있다. 소요 시간은 4시간 30분 정도로 자그레브에서 출발하는 것과 비슷하다. 성수기인 4월 중순부터 10월 초까지는 베네치아와 로빈을 연결하는 페리가 운항된다. 약 4시간이면 도착한다.

그리시아 거리

성 유페미아 성당

bled

슬로베니아 **블레드**

영험한 행복의 종소리,
영원한 사랑의 의식

한 번이라도 사랑에 실패해 본 사람은 안다. 사랑은 행복할수록 두렵기도 하다. 혹시라도 이 사랑이 변하면, 이 행복이 깨지면 어떡하나, 두렵다. 욕심에 이런 생각을 해본 적이 있다. 사랑을 시작하기 전, 그와 내가 영원히 헤어지지 않을 인연인지 아닌지를 구별할 수 있는 능력을 가졌으면 좋겠다고. 만약 내가 운이 좋아 그런 초능력 없이도 평생을 함께하고 싶은 사람을 발견했다면, 그 사랑을 영원히 지속되게 하는 마법 같은 의식이라도 있었으면 좋겠다고.

물론 말도 안 되는 욕심이다. 사랑은 초능력이나 마법으로 지속할 수 있는 것이 아니니까. 사랑은 서로를 위한 끊임없는 노력과 믿음으로만 이어갈 수 있는 것일 테다. 그럼에도 불구하고 결혼으로 사랑의 결실을 맺은 커플이라면 슬로베니아 블레드Bled를 찾아가 보았으면 좋겠다. 거기에 영원한 사랑을 약속할 수 있는, 꽤 영험한 효능이 있을 것 같은 의식이 있어서다.

슬로베니아에서 가장 유명한 여행지로 꼽히는 블레드 호수 가운데에 슬로베니아의 유일한 자연섬인 블레드 섬이 있고, 그 섬 위에 1,000년 넘은 역사를 가진 성모마리아승천성당이 있다. 성모마리아승천성당은, 말하자면 사랑에 빠진 모든 슬로베니아인들의 성지 같은 장소다.

섬으로 가려면 '플레트나Pletna'라고 불리는 나룻배를 타야 한다. 전통에 의해 200년 동안 단 23척만 운영되고 있는 블레드 호수의 유일한 운송수단이다. 이 나룻배에 올라 알프스의 빙하가 녹아 만들어진 청록의 호수 위를 느릿하게 가르는 일로 사랑의 의식은 시작된다. 운이 좋으면 뱃사공이 불러 주는 사랑의 노래를 들을 수도 있다.

섬에 닿으면 선착장부터 성모마리아승천성당까지 이어진 99개의 계단을 만나게 된다. 신랑이 신부를 업고 계단을 올라 성당 내부에 있는 '행복의 종'을 울리면 영원한 사랑을 이룰 수 있다는 전설이 깃든 곳이다. 신랑은 중간에 신부를 내려놓지 않고 99개 계단을 한 번에 올라야 하고, 신부는 신랑이 계단을 오르는 동안 침묵해야 한다. 그동안 얼마나 많은 커플들이 이 계단 위에서 영원한 사랑을 기도했을까. 수많은 이들이 가슴 깊이 염원한 사랑의 기도가 깃든 이곳에선 전설이 진실이 되는 영험한 힘이 작용하고 있을 것만 같다.

평생을 함께하기로 약속한 사람과 블레드를 찾는다면 단정한 정장 한 벌과 하얀 원피스를 챙겨 가 사랑의 의식을 치러 보기를 권한다. 나의 무게를 기꺼이 짊어진 이 남자, 나를 믿고 내 등에 몸을 맡긴 이 여자를 영원히 사랑하겠노라 기도하면서 99개의 계단을 올라 보았으면 좋겠다. 성당에 다다르면 함께 행복의 종을 울린 뒤에 기념사진을 찍을 수 있도록 카메라도 잊지 말고 챙기자. 그 많은 계단을 오르느라 신랑의 머리칼은 흐트러지고 신부의 원피스는 구겨졌을지 모르지만, 그 어떤 웨딩사진보다 멋진 한 장의 추억이 될 것이다. ☞

TIP ═══════════════════════════ **블레드 가는 길**

슬로베니아의 수도 류블랴나Ljubljana에서 하루 여러 편의 버스가 운행된다. 소요 시간은 약 1시간 30분. 슬로베니아는 우리나라 전라도 면적밖에 안 되는 아주 작은 나라여서 모든 도시로의 접근이 쉽다. 국경의 한쪽 끝에서 가장 먼 다른 쪽 끝까지 자동차로 4시간이면 도달할 수 있다. 류블랴나에서 오스트리아 국경까지 차로 45분이면 도착한다. 작은 나라이지만 오스트리아, 이탈리아, 크로아티아, 헝가리와 국경을 접하고 있어 다채로운 음식, 문화, 역사가 녹아 있는 것이 매력이다.

mykonos

그리스 **미코노스**

이중생활을
꿈꾸는 커플에게

'반반치킨' 같은 여행지

자장면이냐 짬뽕이냐, 프라이드치킨이냐 양념치킨이냐, 쌀국수냐 팟타이냐, 물냉면이냐 비빔냉면이냐……. 이런 선택의 기로에 선 순간들, 아! 생각만 해도 괴롭다. 고심 끝에 하나를 골라도 포기한 다른 하나에 대한 미련이 머릿속을 맴맴. 쌀국수를 먹으면서 옆 테이블의 팟타이에 자꾸 눈이 가고, 프라이드치킨을 먹으면서 양념치킨을 시킬 걸 그랬나 왠지 후회되는 일이 다반사다. 그래도 다행인 건 '반반치킨'이나 '짬짜면' 같은 메뉴가 있다는 사실이다. 치킨의 바삭함과 감칠맛, 자장의 구수함과 짬뽕국물의 시원함, 둘 중 어느 것도 포기할 수 없는 이들의 심경을 위로해 주는 '힐링 메뉴'랄까.

여행지에도 반반치킨이나 짬짜면 같은 곳이 있었으면 할 때가 있다. 서정적이고 평화로운 분위기 속에서 쉴 수 있으면서도, 밤이 새도록 술과 음악에 취해 방방 뛸 수 있는 곳은 없을까? 그런 여행지를 찾는 커플에게, 그리스 미코노스Mykonos 섬을 추천한다.

에게해Aegean Sea의 빛나는 보석 같은 섬, 미코노스는 낮과 밤의 얼굴이 다르다. 낮의 미코노스는 하얀 천국 같다. 순백색 네모난 집들이 가득한 마을에 진분홍 부겐빌레아 Bougainvillea 꽃이 흐드러지게 피어나고, 골목골목 애교만점 길고양이들이 일광욕을 즐긴다. 언덕 위에 자리한 오래된 풍차들과 수백 개의 교회가 마을의 분위기를 한없이 평화롭게 만든다. 바닷가의 카페에선 커플들이 도란도란 이야기꽃을 피우고, 미로 같은 골목길 구석구석 빼곡한 상점들에는 수공예 액세서리들이 반짝반짝 빛난다.

풍차 언덕 뒤편으로 붉은 해가 저물고 나면 미코노스가 변신을 시작한다. 낮 동안 카페였던 곳들은 술집이 되고, 해변의 클럽들은 쿵쿵 거리는 빠른 비트의 음악과 화려한 조명에 시동을 건다. 조용했던 거리는 이곳저곳에서 쏟아져 나온 유러피언 젊은이들의 웃음소리와 신나는 음악으로 시끌벅적해진다. 그렇게 밤이 새도록 해변, 클럽, 바에서 뜨거운 나이트라이프가 이어진다. 그리고 아침 해가 중천에 뜨면 다시 언제 그랬냐는 듯 평화로운 하루가 시작된다.

소설가 무라카미 하루키도 미코노스의 이러한 매력을 사랑했다. 그가 1986년부터 1989

년까지 그리스와 이탈리아를 여행한 기록을 담은 책 『먼 북소리』에서 하루키는 이렇게 썼다. "이곳을 여행한다면 여름이 좋다. 호텔이 만원이고 근처의 디스코텍이 시끄러워 잠을 잘 수 없어도 여름의 미코노스는 굉장히 즐겁다. 그것은 일종의 축제인 것이다." 하루키는 당시 미코노스에 방 두 개짜리 집을 구해 부인과 머물렀다고 한다. 매일 아침 마라톤으로 하루를 시작해 낮에는 글을 쓰고 밤마다 바를 드나드는 생활을 즐겼다고. 하루키는 미코노스에서 그의 대표작 『상실의 시대Norwegian Wood』의 집필을 시작하기도 했다. 반반치킨 같은 미코노스의 매력이 그에게 꽤나 큰 소설의 영감을 준 건 아닐까?

미코노스 100% 즐기기

미코노스를 즐기는 첫 번째 방법. 다운타운에 해당하는 호라Hora의 미로 같은 골목길에서 길을 잃는 것이다. 카메라 하나 메고 마을 구석구석을 걷다가 아무 집 대문 앞에서나 사진을 찍어도 근사한 화보가 된다. 미코노스의 새하얀 건물들은 산토리니의 그것보다 훨씬 깨끗하고 단정한데, 그리스 정부가 비용을 대서 1년에 두세 번씩 유지보수를 위해 페인트칠을 새로 하기 때문이라고 한다. 호라에는 수공예 액세서리와 그리스 여신 느낌을 듬뿍 담은 원피스, 스카프 등 패션 소품을 파는 상점들이 많아 쇼핑을 즐기는 재미도 쏠쏠하다. 액세서리 가게 중에는 2~3대를 이어 손재주를 전수하며 액세서리를 제작해 파는 곳들도 적지 않다. 운이 좋으면 골목길 어딘가에서 미코노스의 마스코트인 펠리칸을 만날 수도 있다.

두 번째는 아름다운 해변에서 해수욕과 일광욕을 즐기는 것. 미코노스에는 손에 다 꼽지 못할 정도로 많은 비치가 있는데, 그중 가장 인기 있는 곳은 '파라다이스 비치'다. 특히 여름철에는 온종일 빠른 비트의 음악이 울리고 주위의 바, 레스토랑, 클럽이 유럽 각지에서 찾아온 젊은이들로 북적북적하다. '누드비치'라는 별명처럼 지나친 노출(?)을 한 사람들도 많다. 바나나보트, 제트스키, 다이빙, 스노클링 등 각종 해양 액티비티도 즐길 수 있다.

좀 더 조용하고 고상하게 해변을 즐기고 싶은 사람들에겐 '싸루Psarou 비치'를 추천한다. 선베드에 비치타월을 깔고 누워 라운지 음악을 들으면서 칵테일을 마시면 최고급 리조트에 가 있는 기분이다. 외지인들보다 그리스인들에게 더 인기 있는 싸루 비치는 유명인들의 휴가 장소로도 유명하다.

해가 질 무렵엔 '리틀 베니스Little Venice'를 찾아가야 한다. 호라의 서쪽해안을 따라 아기자기한 레스토랑과 카페가 줄지어 있는 지역으로, 아름다운 풍차 언덕 뒤편의 석양을 감상하기에 이곳의 카페보다 좋은 곳이 없다. 미코노스의 클럽은 새벽 2~3시쯤 가장 활기를 띤다. 미코노스에서 가장 '핫'한 클럽은 파라다이스 비치 옆 절벽 위에 자리한 '카보 파라디소Cavo Paradiso'다. 여름엔 매일 밤 유명 DJ들의 공연과 이벤트가 줄을 잇는 세계적인 클럽이다.

TIP ————————————————————— **미코노스 가는 길**

그리스 아테네에서 국내선 비행기 또는 페리를 타고 갈 수 있다. 비행기는 여름 성수기를 기준으로 아테네에서 미코노스까지 매일 약 7편이 운항한다. 소요 시간은 약 40분이다. 비성수기엔 운항 횟수가 크게 줄어 하루 1~2회만 운항한다. 페리를 탈 경우 아테네에서 5~6시간이 소요된다. 성수기에만 운영하는 고속페리를 타면 약 2시간 30분 만에 도착할 수 있다.

「상실의 시대」와 미코노스

미코노스에서 「상실의 시대」의 집필을 시작한 배경에 대해 무라카미 하루키는 「먼 북소리」에서 이렇게 밝혔다. "「위대한 데스리프」를 완성한 후 스펫체스 섬에서의 생활에 대해서 설명한 간략한 글을 몇 편 쓴 다음 학수고대하던 소설을 쓰기 시작했다. 그때는 소설이 쓰고 싶어서 몸이 근질근질했다. 내 몸은 말을 찾아서 바짝바짝 타고 있었다. 거기까지 내 몸을 '끌고 가는' 것이 가장 중요하다. 장편소설은 그 정도로 자신을 몰아세우지 않으면 쓸 수가 없다. 마라톤처럼 거기에 다다르기까지 페이스 조절에 실패하면 막상 버텨야 할 때 숨이 차서 쓰러지게 되는 것이다."

리틀 베니스

여행지에서
커플스냅을 예쁘게 찍는
30 가지 방법

이름만 들어도 떨리는 '나만의 도시'를 갖고 있나요?
저에게 그런 도시는 '파리'입니다.

2007년, 첫 해외여행지였던 그곳에서 다시 한국으로 떠나오던 날.
무거운 캐리어를 끌고 올라탄 6호선 메트로 창밖에는 에펠탑이 보였고,
저는 에펠탑을 물끄러미 바라보며 파리와의 이별을 아쉬워하고 있었습니다.
"내가 다시 파리를 찾을 수 있을까?"
오랫동안 마음에 품었던 도시에서, 혹은 우연히 들렀다가 푹 빠지게 된 도시에서
떠나는 날은 누구나 쓸쓸하고 아련해지기 마련입니다. 그럴 때 그곳에서의 추억이
가득 담긴 사진 몇 장 있다면 기약 없는 이별도 조금은 덜 아쉬울 거라고 생각합니다.

저는 이제 로망이었던 파리에서 매년 짧지 않은 기간을 머물며,
사랑하는 사람들의 예쁜 모습을 남겨드리는 일을 하고 있습니다.
그러기까지 많은 준비가 필요했고, 시간이 흐르면서 노하우도 많이 쌓였지요.
그렇기에 이 책에서 새로운 로망을 발견하셨을 여러분을 위해
더바이준만의 팁을 살짝 공개하고자 합니다.
전문 작가와 함께하는 분들은 물론, 삼각대·셀카봉을 이용하는 분들
모두에게 도움이 되기를 바랍니다.

어떻게 하면 눈에 보이지 않는 여행지에서의 설렘까지 담긴,
자연스럽고 아름다운 '인생사진'을 남길 수 있을까요?
그 방법은 멀리 있지 않습니다.

이 책을 들고, 자신의 로망인 도시로 출발하세요.
사랑하는 사람과 함께……

- 더바이준

#바람부는날엔 #사랑하는사람과 #키스를

여행지에서 사진을 찍을 때 가장 열심히 준비하는 것은 헤어스타일과 의상이지요.
그래서 바람이 많이 부는 날엔 더욱 신경이 쓰입니다.
하지만 걱정은 잠시 접어두고 휘날리는 치맛자락과 머리카락을 바람에 맡겨보세요.
그 어떤 사진보다 자연스럽고 아름다운 사진이 완성될 겁니다.

#명소는언제나 #왁자지껄 #과감한구도가 #필요한순간

당연한 이야기지만 명소는 언제나 많은 사람들로 붐비곤 합니다.
세계에서 가장 많은 사람들이 찾는 에펠탑도 당연하겠지요.
사람이 너무 많아 피할 수가 없다면, 과감하게 하늘을 더 담아보세요.
하늘과 에펠탑, 그리고 우리 둘만이 남아 있게 됩니다.

3

#둘만의음악회 #거리의악사 #사람이몰리지않은틈에

유럽 도시 이곳저곳에서는 많은 예술가들이 자신의 음악을 여러 사람들과
공유하고 있습니다. 잠시 눈을 감고 그들의 음악을 감상해보세요.
그리고 그들과 함께 사진 촬영을 하고 싶다면, 약간의 동전을 준비하세요.
그들은 더욱더 멋진 음악으로 보답해줄 거예요.

영화 속 파리를 찾아다니는 것은 색다른 여행법 중 하나죠.
영화 「미드나잇 파리」에서 오래된 클래식 자동차를 타고 과거로 여행하는 장면의
배경이 되었던 계단 앞에서 둘만의 영화 같은 여행을 시작해보는 것을 추천합니다.
Ready, action!

사진은 빛을 이용한 마법과도 같습니다.
빛을 잘 이용한다면 사진은 훨씬 멋지고 다양해지지요.
그런 빛을 활용하기 어렵다면 사진 속 장면처럼
햇살 한 줄기 떨어지는 장소에 서서 키스를 나눠보세요.
태양이 둘만의 스포트라이트를 만들어드립니다.

6

외국의 버스나 메트로는 우리나라의 그것과는 느낌이 많이 다릅니다.
누군가는 신문을 보고, 누군가는 책을 보고 있는 풍경이 다 똑같다며
앉아만 있지 말아주세요. 창밖을 바라보는 그녀를 카메라 뷰파인더로 바라보면
행복한 미소를 포착할 수 있을 거예요.

#클래식자동차 #무성영화처럼 #흑백사진을찍자

디지털카메라에서 흑백사진은 언제든지 찍을 수 있는 옵션입니다.
그래서 그런지 평소 흑백사진 모드를 자주 사용하게 되지는 않지만,
파리의 오래된 골목이나 클래식한 자동차 앞에서는 한번 도전해보세요.
찰리 채플린이 다가와 드라이브를 청할지도 모를 일입니다.

#의상은 #하루쯤 #특별한날처럼 #화려하게

유럽 도시에서 사진을 찍거나 걸어 다닐 때 편한 의상도 좋지만,
하루 정도는 한껏 차려입은 현지인처럼 신경 써서 입고 거리를 걸어보세요.
건널목 맞은편에 서 있는 사람들과 눈인사를 나누며 바람을 느끼다 보면
어느새 우리도 파리지엥이 되어 있을 거예요.

9

#명소도좋지만 #골목도좋아요 #뜻밖의이야기가 #숨어있는 #유럽골목길

여행지에서 그곳만의 랜드마크를 찾아가는 것은 필수입니다.
하지만 모두 같은 곳에서 같은 모습으로 인증 사진을 남기는 것보다
우연히 발견한 골목길을 걷다 사진을 찍어보세요. 그곳이 정확히
어딘지는 중요하지 않습니다. 사랑하는 사람과 걷는 그 길이 곧 명소가 될 테니까요.

10

#루브르박물관은 #석양이질때가 #훨씬아름답다

여름날 파리는 한국과 다르게 밤 11시가 되어서야 어둑어둑해집니다.
대신 그 이전까지 여유롭게 석양 지는 모습을 감상할 수 있죠.
밤 9시쯤 루브르 박물관으로 향하세요. 이미 관람시간이 종료되어 사람이 적고,
붉게 깔린 석양 속 아름다운 박물관 모습과 함께 사진을 남길 수 있습니다.

11

#포즈란 #이런것이다 #어렵지않아요

어떻게 하면 예쁜 포즈를 취할 수 있을까? 카메라 앞에서는 늘 고민이 됩니다.
열심히 잡지 화보를 봤는데도 생각이 잘 안 나고요. 하지만 파리에서는
주변에 '샘플'들이 넘쳐납니다. 사랑을 속삭이는 연인들의
멋진 포즈를 발견했다면 과감하게 시도해보세요.

#삼각대가없다면 #찍어줄사람도없다면 #부탁하세요

여행지에서 가장 흔하게 받는 부탁은 "사진 한 장만 찍어주시겠어요?"입니다.
특히 카페에서 투샷을 남기려 쩔쩔매고 있으면 종업원이 먼저 다가와
"사진 찍어드릴까요?" 질문하기도 해요.
유럽에서 사진을 찍어달라는 말은 인사만큼이나 쉬운 일입니다.
대신 상대방에게도 필요한지 물어봐주는 건 매너겠지요.

12

13

#사랑은 #오토바이를타고 #모든것이소품

파리에서는 특별한 촬영 소품을 준비할 필요가 없습니다.
길을 가다 만나는 에펠탑도, 멋진 다리와 벤치도, 길가에 세워져 있는
오토바이까지도 사진에 함께 담기에 더할 나위 없는 소품들입니다.
이제 우리는 예쁜 사진만 기대하면 됩니다.

사진을 찍을 때는 주로 풍경과 인물을 가장 신경 써서 촬영합니다.
하지만 그 외에도 찍을 거리는 주변에 너무나 많습니다.
특히 그림자는 다른 사람이 아닌 본인만이 알아볼 수 있는 모습이기에
여러 가지로 남겨보는 것도 즐거운 추억이 됩니다.

14

15

#외국이라는티가나는좋은예 #외국어간판 #외국사람

이왕 외국에서 사진촬영을 한다면
누가 봐도 다른 나라인 티가 확 나야 더 예쁩니다.
그러려면 낯선 언어가 쓰인 간판 등 장치를 활용해보는 것도 좋겠지요?

#몽마르트르언덕위 #아름다운거리 #1위

관광으로 유명한 유럽 도시에 사람이 많은 것은 당연하지만,
모두들 사람이 적으면서도 아름다운 곳을 찾기를 원할 겁니다.
그래서 명소 근처를 헤매다 한갓진 거리를 찾았을 때
우리는 이렇게 외칩니다.
"쎄봉(C'est bon)!"

17

#하나둘셋 #뒤돌아보세요 #휘릭 #찰칵!

사랑하는 그녀를 모델로 만들어 주는 방법.
정면을 바라보고 손가락 'V'를 만드는 포즈도 사랑스럽겠지만,
이것 하나만 기억하면 멋진 모델이 될 수 있습니다.
하나, 둘, 셋! 휘릭~ 찰칵!

18

#센강의밤은 #밝고아름답다 #밤에는센강을걸어보아요

쉽게 흔들리고 노이즈가 끼는 야간촬영은 누구에게나 어려운 일입니다.
그럴 때는 주변의 빛을 잘 살펴야 합니다. 가로등이나 간판을 잘 활용하면
낮보다 화려하고 멋진 사진을 찍을 수도 있지요.
센강의 출렁이는 물결과 가로등 불빛, 그리고 불을 밝힌 에펠탑은
파리에서 가장 아름다운 조합일 것입니다.

처음에는 충분히 화려하다고 생각했습니다.
얼마 후엔 더욱 화려해야 한다고 생각했습니다.
그다음엔 더 활기차야 한다고 생각했습니다.
그래야 우리는 사진에서 돋보일 수 있습니다.
외국 사람들은 생각보다 더 눈에 띄는 의상과 외모로
우리를 평범하게 만들어버리곤 합니다.

20

#포인트컬러 #한적함 #여유로움

촬영에서 중요한 요소는 구도, 빛, 포즈 등등 여러 가지가 있겠지만,
그중에서 누구나 쉽게 적용할 수 있는 것은 포인트 컬러를 주는 것입니다.
화려한 꽃다발이나 쨍한 색깔의 우산 등 의상과 어울리는 소품을 활용하면
자칫 밋밋할 뻔했던 사진도 화사하게 연출할 수 있습니다.

21

#비내리는루브르박물관 #지금필요한건 #우산이아닙니다 #작은속삭임

비가 내려도 촬영 망했다고 속상해하지 마세요.
파리는 비가 내리면 더욱 아름다운 도시로 변합니다.
비를 피하기보다 그 빗속에서 서로의 사랑을 확인하는 그 순간을
남길 수 있다면 오히려 행운이지 않을까요?

#우거진깍두기나무 #가로수길 #한줄기빛은 #버진로드가된다

프랑스는 세계에서 손꼽힐 정도로 조경이 발달된 나라입니다.
특히 거리의 가로수는 네모반듯한 깍두기 모양으로 일반적으로 보던 것과
많이 다르죠. 그런 가로수 사이로 길게 비춰지는 햇살은 마치
결혼식장의 버진로드 같습니다.
그 빛을 따라 걷는 것만으로도 설레는 순간이 될 겁니다.

23

#실내와실외 #밝기차이가 #가장작은 #황금시간대 #절대놓치지말아요

호텔방 창틀에 걸터앉은 그녀를 위한 음악을 틀고, 와인을 마시며
여행 중 에피소드들을 나누다 해가 질 때쯤 창밖 풍경을 찍어보세요.
낮과는 다르게 실내 조명의 밝기와 실외 자연 빛의 밝기가 평행선을 이룰 때
가장 자연스러운 빛으로 촬영을 할 수 있습니다.

24

#가로등불비치는 #다리밑풍경 #그곳은언제나로맨틱

다리 밑은 고약한 악취와 어둠이 공존하는 곳이라는 편견 때문에
숨어 있는 아름다움을 못보고 지나치기도 합니다.
파리에서는 한번쯤 센강변을 거닐며 다리 밑에서 사진을 찍어보세요.
햇살, 달빛, 가로등불 무엇이 비추는 시간이든 그곳을 사랑하게 될 테니까요.

25

길을 걷다 보면 종종 즉석사진기를 발견하게 됩니다.
파리 길가에 있는 클래식한 즉석사진기는 오로지 흑백사진만 출력되지만
그래서 더욱 느낌이 좋습니다. 좁은 공간 안에 들어가
둘만의 재밌는 표정과 추억을 남기는 데 걸리는 시간은 단 10분, 금액은 4유로.
유쾌한 추억을 간직하게 되는 댓가로는 결코 긴 시간과 비싼 요금이 아닙니다.

26

#여행=휴식 #현실은보고또보고 #진정한여행의의미

파리를 포함한 유럽여행은 휴식이란 이름이 어울리지 않을 만큼
볼거리가 너무나 많아 쉬지 않고 돌아다니게 됩니다.
수많은 미술관, 성당, 궁전들을 모두 관광하는 것도 좋지만,
정말 오랫동안 기억에 남는 것은 사랑하는 사람과 의자에 앉아 햇살을 맞으며
도란도란 이야기를 나누던 순간일 겁니다.

27

파리 루브르 박물관 앞에는 6월 말부터 여름이 끝날 때까지 놀이동산이 열립니다.
입장료는 무료이지만 생각보다 더 즐길 거리가 풍부하지요.
이렇게 1년에 한 번 있는 이벤트나 축제에 맞춰서 여행을 가는 것도 좋습니다.
루브르 앞 놀이동산을 만나게 됐다면 사랑하는 사람과 관람차에 올라
시내 전경을 바라보며 흔치 않은 배경의 사진을 찍어봅시다.

28

#셰익스피어앤드컴퍼니 #비포선셋 #주인공처럼

서점이나 가게들을 활용해도 색다른 사진을 찍을 수 있습니다.
사진 속에 등장한 '셰익스피어 앤드 컴퍼니'는 영화 「비포 선셋」에서
두 주인공이 9년 만에 재회한 곳이지요.
서로에게 책 한 권 선물하기도 하고 마음에 드는 가게 앞에서
사진을 남기는 것 또한 따뜻한 추억을 만드는 과정일 것입니다.

29

가족과 함께하는 여행은 인생이 주는 최고의 선물이라고 생각합니다.
결혼식 이후에 떠났던 허니문보다 한결 더 여유로운 마음으로
그곳을 다시 찾아, 이제는 새로운 가족과 함께 당시에 찍었던 사진과
같은 표정 같은 포즈의 사진을 남겨보세요.

#길을건너다 #손을잡다 #서로를바라보다

파리에서는 전 세계인이 사랑하는 도시답게 다양한 문화권의 사람들을
만날 수 있습니다. 특히 거리에서는 각 나라에서 온 연인들의
사랑을 표현하는 표정과 스킨십도 흔하게 볼 수 있지요.
부끄러움은 잠시 넣어두고 서로의 사랑을 듬뿍듬뿍 표현해보세요.

PHOTO CREDIT

10 - 15	엔스타일투어
16	임재훈
17	최진욱
19	임재훈
20	위, 중간 최진욱
	아래 임재훈
23 - 29	트래비(www.travie.com)
30 - 47	엔스타일투어
48	www.flickr.com/photos/dierkschaefer
52	왼쪽 주소은
	오른쪽 www.flickr.com/photos/bertknot
	아래 KLM 네덜란드항공
53 - 54	주소은
58	위 주소은
	아래 www.flickr.com/photos/phalaenopsisaphrodite523
60	위 www.flickr.com/photos/88461279@N04
	아래 www.flickr.com/photos/futureshape
64	위 www.flickr.com/photos/79553013@N00
	아래 www.flickr.com/photos/ismas
65	www.flickr.com/photos/kyletaylor
66	www.flickr.com/photos/chrisfp
70	위 젊은여행사블루(europe.bluetravel.co.kr)
	아래 젊은여행사블루
	www.flickr.com/photos/nigel321
71	젊은여행사블루
72	www.flickr.com/photos/sporkist
76	위 www.flickr.com/photos/hb1248
	아래 www.flickr.com/photos/megs_pics
77	위 www.flickr.com/photos/hb1248
	아래 www.flickr.com/photos/megs_pics
	www.flickr.com/photos/hb1248
78	www.flickr.com/photos/fingolas
82	위, 중간 www.flickr.com/photos/pug_girl
	아래 www.flickr.com/photos/13020283@N03
83	www.flickr.com/photos/pedrocaetano
84	트래비
87	엔스타일투어
88	트래비
90 - 105	엔스타일투어
110	우지경

111	위, 중간 우지경
	아래 엔스타일투어
112	엔스타일투어
115	위 엔스타일투어
	아래 우지경
118 - 125	엔스타일투어
126	www.flickr.com/photos/evocateur
127	www.flickr.com/photos/viennaherby
130 - 131	www.flickr.com/photos/evocateur
132	아래 www.flickr.com/photos/smemon
134 - 141	엔스타일투어
142 - 153	트래비
154 - 160	김치군(www.kimchi39.com)
161	위 트래비
	아래 김치군
162 - 167	유준영(blog.naver.com/yoojy10)
168	www.flickr.com/photos/binary_koala
171	위 www.flickr.com/photos/binary_koala
	아래 www.flickr.com/photos/135517544@N04
172	www.flickr.com/photos/alfreddiem
175	위 우지경
	중간 www.flickr.com/photos/alfreddiem
	아래 우지경
176 - 197	엔스타일투어
198 - 203	고서령

Book in book
204 - 235	더바이준

이 책에 사진을 제공한 '엔스타일투어(www.nstyletour.com)'는 유럽 지역에 대한 차별화된 전문성을 추구하는 자유여행 전문 여행사다. 엄선된 전용 호텔, 편리하고 효율적인 이동 수단인 스마트 트랜스퍼, 고객별 맞춤 가이드북 제공을 통해 시작부터 끝까지 품격 있는 자유여행을 만든다. 고객들이 그 여행지만의 매력을 제대로 알고 특별한 여행을 즐길 수 있도록 철저히 여행자의 입장에서 상품을 개발하고 기획하는 것이 엔스타일투어의 특징이다. 또한 세계 각국 현지투어, 공항픽업, 트랜스퍼, 교통패스, 티켓 등을 모바일로 검색·구매할 수 있는 '엔쿵(www.nkoong.com)'도 함께 운영하고 있다. 10년 이상의 자유여행 서비스 경험을 가진 엔스타일투어는 매년 직원들의 장기간 현지 출장을 통해 발로 뛰며 새로운 여행정보를 수집, 꾸준히 연구하고 있다. 봄·여름·가을·겨울 계절별로 추천하는 여행지와 알찬 일정을 갖춘 여행상품을 소개하고, 여행지별로 가장 좋은 시기에 예약할 수 있는 노하우 등을 알려주는 세계여행 소식지도 발행한다.

엔스타일
투어
가슴으로 여행하는 전문가이드

대표전화 02-578-5843

허니문 프로젝트

우리 둘만 가고 싶은, **유럽 소도시 BEST30**

초판 1쇄 2016년 6월 3일

지은이 ㅣ 고서령 · 더바이준

발행인 ㅣ 이상언
제작책임 ㅣ 노재현
편집장 ㅣ 이정아
에디터 ㅣ 주소은
디자인 · 일러스트 ㅣ 렐리시
마케팅 ㅣ 오정일, 김동현, 김훈일, 한아름, 이연지

발행처 ㅣ 중앙일보플러스(주)
주소 ㅣ (04517) 서울시 중구 통일로 92 에이스타워 4층
등록 ㅣ 2007년 2월 13일 제2-4561호
판매 ㅣ (02) 6416-3917
제작 ㅣ (02) 6416-3957
홈페이지 ㅣ www.joongangbooks.co.kr
페이스북 ㅣ www.facebook.com/hellojbooks

ⓒ 고서령 · 더바이준, 2016
ISBN 978-89-278-0768-1 03920